THIS JOURNAL BELON

D1399368

Want free goodies?
Email us: wine@pbleu.com

@papeteriebleu

Papeterie Bleu

Shop our other books at
www.pbleu.com

Wholesale distribution through Ingram Content Group
www.ingramcontent.com/publishers/distribution/wholesale

For questions and customer service, email us at
support@pbleu.com

WINE NAME _____

WHEN _____ WHO _____

WHERE _____ PRICE _____

ALCOHOL % _____ VARIETAL _____

BODY   − (_____) +

TANNINS   − (_____) +

FLAVOUR INTENSITY   − (_____) +

SWEETNESS   − (_____) +

FINISH   − (_____) +

SMELL

☐ TOAST	☐ COFFEE	☐ CITRUS	☐ HONEY
☐ TOBACCO	☐ SMOKE	☐ MELON	☐ APPLES
☐ LEATHER	☐ PEPPER	☐ OAK	☐ TROPICAL FRUITS
☐ MUSHROOM	☐ MINT	☐ BERRIES	☐ GRASS
☐ JAM	☐ SPICE	☐ NUTMEG	☐ FLORAL
☐ CHOCOLATE	☐ ALMOND	☐ VEGETAL	☐ _____
☐ _____	☐ _____	☐ _____	☐ _____

TASTE

☐ DARK FRUITS	☐ EARTH	☐ TOAST	☐ NUTMEG
☐ BERRIES	☐ PEPPER	☐ GRASS	☐ VEGETAL
☐ PLUMS	☐ VANILLA	☐ CITRUS	☐ FLORAL
☐ MUSHROOM	☐ COFFEE	☐ MELON	☐ HONEY
☐ TOBACCO	☐ LICORICE	☐ LYCHEE	☐ PEARS
☐ CHOCOLATE	☐ LEATHER	☐ ALMOND	☐ PEACHES
☐ _____	☐ _____	☐ _____	☐ _____

REVIEW/NOTES

☆ ☆ ☆ ☆ ☆ _____

_____

_____

_____

_____

WINE NAME _____

WHEN _____   WHO _____

WHERE _____   PRICE _____

ALCOHOL % _____   VARIETAL _____

BODY   − (_____) +

TANNINS   − (_____) +

FLAVOUR INTENSITY − (_____) +

SWEETNESS   − (_____) +

FINISH   − (_____) +

SMELL

☐ TOAST	☐ COFFEE	☐ CITRUS	☐ HONEY
☐ TOBACCO	☐ SMOKE	☐ MELON	☐ APPLES
☐ LEATHER	☐ PEPPER	☐ OAK	☐ TROPICAL FRUITS
☐ MUSHROOM	☐ MINT	☐ BERRIES	☐ GRASS
☐ JAM	☐ SPICE	☐ NUTMEG	☐ FLORAL
☐ CHOCOLATE	☐ ALMOND	☐ VEGETAL	☐ _____
☐ _____	☐ _____	☐ _____	☐ _____

TASTE

☐ DARK FRUITS	☐ EARTH	☐ TOAST	☐ NUTMEG
☐ BERRIES	☐ PEPPER	☐ GRASS	☐ VEGETAL
☐ PLUMS	☐ VANILLA	☐ CITRUS	☐ FLORAL
☐ MUSHROOM	☐ COFFEE	☐ MELON	☐ HONEY
☐ TOBACCO	☐ LICORICE	☐ LYCHEE	☐ PEARS
☐ CHOCOLATE	☐ LEATHER	☐ ALMOND	☐ PEACHES
☐ _____	☐ _____	☐ _____	☐ _____

REVIEW/NOTES

☆ ☆ ☆ ☆ ☆ _____

_____

_____

_____

_____

WINE NAME _____

WHEN _____ WHO _____

WHERE _____ PRICE _____

ALCOHOL % _____ VARIETAL _____

BODY   − (_____) +

TANNINS   − (_____) +

FLAVOUR INTENSITY   − (_____) +

SWEETNESS   − (_____) +

FINISH   − (_____) +

SMELL

☐ TOAST	☐ COFFEE	☐ CITRUS	☐ HONEY
☐ TOBACCO	☐ SMOKE	☐ MELON	☐ APPLES
☐ LEATHER	☐ PEPPER	☐ OAK	☐ TROPICAL FRUITS
☐ MUSHROOM	☐ MINT	☐ BERRIES	☐ GRASS
☐ JAM	☐ SPICE	☐ NUTMEG	☐ FLORAL
☐ CHOCOLATE	☐ ALMOND	☐ VEGETAL	☐
☐ _____	☐ _____	☐ _____	☐ _____

TASTE

☐ DARK FRUITS	☐ EARTH	☐ TOAST	☐ NUTMEG
☐ BERRIES	☐ PEPPER	☐ GRASS	☐ VEGETAL
☐ PLUMS	☐ VANILLA	☐ CITRUS	☐ FLORAL
☐ MUSHROOM	☐ COFFEE	☐ MELON	☐ HONEY
☐ TOBACCO	☐ LICORICE	☐ LYCHEE	☐ PEARS
☐ CHOCOLATE	☐ LEATHER	☐ ALMOND	☐ PEACHES
☐ _____	☐ _____	☐ _____	☐ _____

REVIEW/NOTES

☆ ☆ ☆ ☆ ☆ _____

_____

_____

_____

_____

WINE NAME _____

WHEN _____ WHO _____

WHERE _____ PRICE _____

ALCOHOL % _____ VARIETAL _____

BODY   − (_____) +

TANNINS   − (_____) +

FLAVOUR INTENSITY − (_____) +

SWEETNESS   − (_____) +

FINISH   − (_____) +

SMELL

☐ TOAST	☐ COFFEE	☐ CITRUS	☐ HONEY
☐ TOBACCO	☐ SMOKE	☐ MELON	☐ APPLES
☐ LEATHER	☐ PEPPER	☐ OAK	☐ TROPICAL FRUITS
☐ MUSHROOM	☐ MINT	☐ BERRIES	☐ GRASS
☐ JAM	☐ SPICE	☐ NUTMEG	☐ FLORAL
☐ CHOCOLATE	☐ ALMOND	☐ VEGETAL	☐ _____
☐ _____	☐ _____	☐ _____	☐ _____

TASTE

☐ DARK FRUITS	☐ EARTH	☐ TOAST	☐ NUTMEG
☐ BERRIES	☐ PEPPER	☐ GRASS	☐ VEGETAL
☐ PLUMS	☐ VANILLA	☐ CITRUS	☐ FLORAL
☐ MUSHROOM	☐ COFFEE	☐ MELON	☐ HONEY
☐ TOBACCO	☐ LICORICE	☐ LYCHEE	☐ PEARS
☐ CHOCOLATE	☐ LEATHER	☐ ALMOND	☐ PEACHES
☐ _____	☐ _____	☐ _____	☐ _____

REVIEW/NOTES

☆ ☆ ☆ ☆ ☆ _____

_____

_____

_____

_____

WINE NAME _____

WHEN _____ WHO _____

WHERE _____ PRICE _____

ALCOHOL % _____ VARIETAL _____

BODY   - (_____) +

TANNINS   - (_____) +

FLAVOUR INTENSITY   - (_____) +

SWEETNESS   - (_____) +

FINISH   - (_____) +

SMELL

- ☐ TOAST
- ☐ TOBACCO
- ☐ LEATHER
- ☐ MUSHROOM
- ☐ JAM
- ☐ CHOCOLATE
- ☐ _____

- ☐ COFFEE
- ☐ SMOKE
- ☐ PEPPER
- ☐ MINT
- ☐ SPICE
- ☐ ALMOND
- ☐ _____

- ☐ CITRUS
- ☐ MELON
- ☐ OAK
- ☐ BERRIES
- ☐ NUTMEG
- ☐ VEGETAL
- ☐ _____

- ☐ HONEY
- ☐ APPLES
- ☐ TROPICAL FRUITS
- ☐ GRASS
- ☐ FLORAL
- ☐ _____
- ☐ _____

TASTE

- ☐ DARK FRUITS
- ☐ BERRIES
- ☐ PLUMS
- ☐ MUSHROOM
- ☐ TOBACCO
- ☐ CHOCOLATE
- ☐ _____

- ☐ EARTH
- ☐ PEPPER
- ☐ VANILLA
- ☐ COFFEE
- ☐ LICORICE
- ☐ LEATHER
- ☐ _____

- ☐ TOAST
- ☐ GRASS
- ☐ CITRUS
- ☐ MELON
- ☐ LYCHEE
- ☐ ALMOND
- ☐ _____

- ☐ NUTMEG
- ☐ VEGETAL
- ☐ FLORAL
- ☐ HONEY
- ☐ PEARS
- ☐ PEACHES
- ☐ _____

REVIEW/NOTES

☆ ☆ ☆ ☆ ☆ _____

_____

_____

_____

_____

WINE NAME _____

WHEN _____ WHO _____

WHERE _____ PRICE _____

ALCOHOL % _____ VARIETAL _____

BODY   − (_____) +

TANNINS   − (_____) +

FLAVOUR INTENSITY − (_____) +

SWEETNESS   − (_____) +

FINISH   − (_____) +

SMELL

☐ TOAST	☐ COFFEE	☐ CITRUS	☐ HONEY
☐ TOBACCO	☐ SMOKE	☐ MELON	☐ APPLES
☐ LEATHER	☐ PEPPER	☐ OAK	☐ TROPICAL FRUITS
☐ MUSHROOM	☐ MINT	☐ BERRIES	☐ GRASS
☐ JAM	☐ SPICE	☐ NUTMEG	☐ FLORAL
☐ CHOCOLATE	☐ ALMOND	☐ VEGETAL	☐ _____
☐ _____	☐ _____	☐ _____	☐ _____

TASTE

☐ DARK FRUITS	☐ EARTH	☐ TOAST	☐ NUTMEG
☐ BERRIES	☐ PEPPER	☐ GRASS	☐ VEGETAL
☐ PLUMS	☐ VANILLA	☐ CITRUS	☐ FLORAL
☐ MUSHROOM	☐ COFFEE	☐ MELON	☐ HONEY
☐ TOBACCO	☐ LICORICE	☐ LYCHEE	☐ PEARS
☐ CHOCOLATE	☐ LEATHER	☐ ALMOND	☐ PEACHES
☐ _____	☐ _____	☐ _____	☐ _____

REVIEW/NOTES

☆ ☆ ☆ ☆ ☆ _____

_____

_____

_____

_____

WINE NAME _____

WHEN _____ WHO _____

WHERE _____ PRICE _____

ALCOHOL % _____ VARIETAL _____

BODY   - (_____) +

TANNINS   - (_____) +

FLAVOUR INTENSITY   - (_____) +

SWEETNESS   - (_____) +

FINISH   - (_____) +

SMELL

☐ TOAST	☐ COFFEE	☐ CITRUS	☐ HONEY
☐ TOBACCO	☐ SMOKE	☐ MELON	☐ APPLES
☐ LEATHER	☐ PEPPER	☐ OAK	☐ TROPICAL FRUITS
☐ MUSHROOM	☐ MINT	☐ BERRIES	☐ GRASS
☐ JAM	☐ SPICE	☐ NUTMEG	☐ FLORAL
☐ CHOCOLATE	☐ ALMOND	☐ VEGETAL	☐ _____
☐ _____	☐ _____	☐ _____	☐ _____

TASTE

☐ DARK FRUITS	☐ EARTH	☐ TOAST	☐ NUTMEG
☐ BERRIES	☐ PEPPER	☐ GRASS	☐ VEGETAL
☐ PLUMS	☐ VANILLA	☐ CITRUS	☐ FLORAL
☐ MUSHROOM	☐ COFFEE	☐ MELON	☐ HONEY
☐ TOBACCO	☐ LICORICE	☐ LYCHEE	☐ PEARS
☐ CHOCOLATE	☐ LEATHER	☐ ALMOND	☐ PEACHES
☐ _____	☐ _____	☐ _____	☐ _____

REVIEW/NOTES

☆ ☆ ☆ ☆ ☆ _____

_____

_____

_____

_____

WINE NAME _____

WHEN _____ WHO _____

WHERE _____ PRICE _____

ALCOHOL % _____ VARIETAL _____

BODY   - (| | | |) +
TANNINS   - (| | | |) +
FLAVOUR INTENSITY - (| | | |) +
SWEETNESS   - (| | | |) +
FINISH   - (| | | |) +

SMELL

☐ TOAST	☐ COFFEE	☐ CITRUS	☐ HONEY
☐ TOBACCO	☐ SMOKE	☐ MELON	☐ APPLES
☐ LEATHER	☐ PEPPER	☐ OAK	☐ TROPICAL FRUITS
☐ MUSHROOM	☐ MINT	☐ BERRIES	☐ GRASS
☐ JAM	☐ SPICE	☐ NUTMEG	☐ FLORAL
☐ CHOCOLATE	☐ ALMOND	☐ VEGETAL	☐ _____
☐ _____	☐ _____	☐ _____	☐ _____

TASTE

☐ DARK FRUITS	☐ EARTH	☐ TOAST	☐ NUTMEG
☐ BERRIES	☐ PEPPER	☐ GRASS	☐ VEGETAL
☐ PLUMS	☐ VANILLA	☐ CITRUS	☐ FLORAL
☐ MUSHROOM	☐ COFFEE	☐ MELON	☐ HONEY
☐ TOBACCO	☐ LICORICE	☐ LYCHEE	☐ PEARS
☐ CHOCOLATE	☐ LEATHER	☐ ALMOND	☐ PEACHES
☐ _____	☐ _____	☐ _____	☐ _____

REVIEW/NOTES

☆ ☆ ☆ ☆ ☆ _____

_____

_____

_____

_____

WINE NAME _____

WHEN _____ WHO _____

WHERE _____ PRICE _____

ALCOHOL % _____ VARIETAL _____

BODY   – (_____) +

TANNINS   – (_____) +

FLAVOUR INTENSITY   – (_____) +

SWEETNESS   – (_____) +

FINISH   – (_____) +

S M E L L

☐ TOAST	☐ COFFEE	☐ CITRUS	☐ HONEY
☐ TOBACCO	☐ SMOKE	☐ MELON	☐ APPLES
☐ LEATHER	☐ PEPPER	☐ OAK	☐ TROPICAL FRUITS
☐ MUSHROOM	☐ MINT	☐ BERRIES	☐ GRASS
☐ JAM	☐ SPICE	☐ NUTMEG	☐ FLORAL
☐ CHOCOLATE	☐ ALMOND	☐ VEGETAL	☐ _____
☐	☐	☐ _____	☐ _____

T A S T E

☐ DARK FRUITS	☐ EARTH	☐ TOAST	☐ NUTMEG
☐ BERRIES	☐ PEPPER	☐ GRASS	☐ VEGETAL
☐ PLUMS	☐ VANILLA	☐ CITRUS	☐ FLORAL
☐ MUSHROOM	☐ COFFEE	☐ MELON	☐ HONEY
☐ TOBACCO	☐ LICORICE	☐ LYCHEE	☐ PEARS
☐ CHOCOLATE	☐ LEATHER	☐ ALMOND	☐ PEACHES
☐ _____	☐ _____	☐ _____	☐ _____

R E V I E W / N O T E S

☆ ☆ ☆ ☆ ☆ _____

_____

_____

_____

_____

WINE NAME _____

WHEN _____   WHO _____

WHERE _____   PRICE _____

ALCOHOL % _____   VARIETAL _____

BODY   - ⬭⬭⬭⬭⬭ +

TANNINS   - ⬭⬭⬭⬭⬭ +

FLAVOUR INTENSITY - ⬭⬭⬭⬭⬭ +

SWEETNESS   - ⬭⬭⬭⬭⬭ +

FINISH   - ⬭⬭⬭⬭⬭ +

SMELL

☐ TOAST	☐ COFFEE	☐ CITRUS	☐ HONEY
☐ TOBACCO	☐ SMOKE	☐ MELON	☐ APPLES
☐ LEATHER	☐ PEPPER	☐ OAK	☐ TROPICAL FRUITS
☐ MUSHROOM	☐ MINT	☐ BERRIES	☐ GRASS
☐ JAM	☐ SPICE	☐ NUTMEG	☐ FLORAL
☐ CHOCOLATE	☐ ALMOND	☐ VEGETAL	☐ _____
☐ _____	☐ _____	☐ _____	☐ _____

TASTE

☐ DARK FRUITS	☐ EARTH	☐ TOAST	☐ NUTMEG
☐ BERRIES	☐ PEPPER	☐ GRASS	☐ VEGETAL
☐ PLUMS	☐ VANILLA	☐ CITRUS	☐ FLORAL
☐ MUSHROOM	☐ COFFEE	☐ MELON	☐ HONEY
☐ TOBACCO	☐ LICORICE	☐ LYCHEE	☐ PEARS
☐ CHOCOLATE	☐ LEATHER	☐ ALMOND	☐ PEACHES
☐ _____	☐ _____	☐ _____	☐ _____

REVIEW/NOTES

☆ ☆ ☆ ☆ ☆ _____

_____

_____

_____

_____

WINE NAME _____

WHEN _____ WHO _____

WHERE _____ PRICE _____

ALCOHOL % _____ VARIETAL _____

BODY   - (_____) +

TANNINS   - (_____) +

FLAVOUR INTENSITY   - (_____) +

SWEETNESS   - (_____) +

FINISH   - (_____) +

SMELL

☐ TOAST	☐ COFFEE	☐ CITRUS	☐ HONEY
☐ TOBACCO	☐ SMOKE	☐ MELON	☐ APPLES
☐ LEATHER	☐ PEPPER	☐ OAK	☐ TROPICAL FRUITS
☐ MUSHROOM	☐ MINT	☐ BERRIES	☐ GRASS
☐ JAM	☐ SPICE	☐ NUTMEG	☐ FLORAL
☐ CHOCOLATE	☐ ALMOND	☐ VEGETAL	☐ _____
☐ _____	☐ _____	☐ _____	☐ _____

TASTE

☐ DARK FRUITS	☐ EARTH	☐ TOAST	☐ NUTMEG
☐ BERRIES	☐ PEPPER	☐ GRASS	☐ VEGETAL
☐ PLUMS	☐ VANILLA	☐ CITRUS	☐ FLORAL
☐ MUSHROOM	☐ COFFEE	☐ MELON	☐ HONEY
☐ TOBACCO	☐ LICORICE	☐ LYCHEE	☐ PEARS
☐ CHOCOLATE	☐ LEATHER	☐ ALMOND	☐ PEACHES
☐ _____	☐ _____	☐ _____	☐ _____

REVIEW/NOTES

☆ ☆ ☆ ☆ ☆ _____

_____

_____

_____

_____

WINE NAME _____

WHEN _____ WHO _____

WHERE _____ PRICE _____

ALCOHOL % _____ VARIETAL _____

BODY   - (_____) +

TANNINS   - (_____) +

FLAVOUR INTENSITY   - (_____) +

SWEETNESS   - (_____) +

FINISH   - (_____) +

SMELL

- ☐ TOAST
- ☐ TOBACCO
- ☐ LEATHER
- ☐ MUSHROOM
- ☐ JAM
- ☐ CHOCOLATE
- ☐ _____

- ☐ COFFEE
- ☐ SMOKE
- ☐ PEPPER
- ☐ MINT
- ☐ SPICE
- ☐ ALMOND
- ☐ _____

- ☐ CITRUS
- ☐ MELON
- ☐ OAK
- ☐ BERRIES
- ☐ NUTMEG
- ☐ VEGETAL
- ☐ _____

- ☐ HONEY
- ☐ APPLES
- ☐ TROPICAL FRUITS
- ☐ GRASS
- ☐ FLORAL
- ☐ _____
- ☐ _____

TASTE

- ☐ DARK FRUITS
- ☐ BERRIES
- ☐ PLUMS
- ☐ MUSHROOM
- ☐ TOBACCO
- ☐ CHOCOLATE
- ☐ _____

- ☐ EARTH
- ☐ PEPPER
- ☐ VANILLA
- ☐ COFFEE
- ☐ LICORICE
- ☐ LEATHER
- ☐ _____

- ☐ TOAST
- ☐ GRASS
- ☐ CITRUS
- ☐ MELON
- ☐ LYCHEE
- ☐ ALMOND
- ☐ _____

- ☐ NUTMEG
- ☐ VEGETAL
- ☐ FLORAL
- ☐ HONEY
- ☐ PEARS
- ☐ PEACHES
- ☐ _____

REVIEW/NOTES

☆ ☆ ☆ ☆ ☆ _____

_____

_____

_____

_____

WINE NAME _____

WHEN _____ WHO _____

WHERE _____ PRICE _____

ALCOHOL % _____ VARIETAL _____

BODY   − (_____) +

TANNINS   − (_____) +

FLAVOUR INTENSITY − (_____) +

SWEETNESS   − (_____) +

FINISH   − (_____) +

SMELL

☐ TOAST	☐ COFFEE	☐ CITRUS	☐ HONEY
☐ TOBACCO	☐ SMOKE	☐ MELON	☐ APPLES
☐ LEATHER	☐ PEPPER	☐ OAK	☐ TROPICAL FRUITS
☐ MUSHROOM	☐ MINT	☐ BERRIES	☐ GRASS
☐ JAM	☐ SPICE	☐ NUTMEG	☐ FLORAL
☐ CHOCOLATE	☐ ALMOND	☐ VEGETAL	☐ _____
☐ _____	☐ _____	☐ _____	☐ _____

TASTE

☐ DARK FRUITS	☐ EARTH	☐ TOAST	☐ NUTMEG
☐ BERRIES	☐ PEPPER	☐ GRASS	☐ VEGETAL
☐ PLUMS	☐ VANILLA	☐ CITRUS	☐ FLORAL
☐ MUSHROOM	☐ COFFEE	☐ MELON	☐ HONEY
☐ TOBACCO	☐ LICORICE	☐ LYCHEE	☐ PEARS
☐ CHOCOLATE	☐ LEATHER	☐ ALMOND	☐ PEACHES
☐ _____	☐ _____	☐ _____	☐ _____

REVIEW/NOTES

☆ ☆ ☆ ☆ ☆ _____

_____

_____

_____

_____

WINE NAME _____

WHEN _____ WHO _____

WHERE _____ PRICE _____

ALCOHOL % _____ VARIETAL _____

BODY - (_____) +

TANNINS - (_____) +

FLAVOUR INTENSITY - (_____) +

SWEETNESS - (_____) +

FINISH - (_____) +

SMELL

☐ TOAST	☐ COFFEE	☐ CITRUS	☐ HONEY
☐ TOBACCO	☐ SMOKE	☐ MELON	☐ APPLES
☐ LEATHER	☐ PEPPER	☐ OAK	☐ TROPICAL FRUITS
☐ MUSHROOM	☐ MINT	☐ BERRIES	☐ GRASS
☐ JAM	☐ SPICE	☐ NUTMEG	☐ FLORAL
☐ CHOCOLATE	☐ ALMOND	☐ VEGETAL	☐ _____
☐ _____	☐ _____	☐ _____	☐ _____

TASTE

☐ DARK FRUITS	☐ EARTH	☐ TOAST	☐ NUTMEG
☐ BERRIES	☐ PEPPER	☐ GRASS	☐ VEGETAL
☐ PLUMS	☐ VANILLA	☐ CITRUS	☐ FLORAL
☐ MUSHROOM	☐ COFFEE	☐ MELON	☐ HONEY
☐ TOBACCO	☐ LICORICE	☐ LYCHEE	☐ PEARS
☐ CHOCOLATE	☐ LEATHER	☐ ALMOND	☐ PEACHES
☐ _____	☐ _____	☐ _____	☐ _____

REVIEW/NOTES

☆ ☆ ☆ ☆ ☆ _____

_____

_____

_____

_____

WINE NAME _____

WHEN _____   WHO _____

WHERE _____   PRICE _____

ALCOHOL % _____   VARIETAL _____

BODY   - (_____) +

TANNINS   - (_____) +

FLAVOUR INTENSITY   - (_____) +

SWEETNESS   - (_____) +

FINISH   - (_____) +

S M E L L

☐ TOAST	☐ COFFEE	☐ CITRUS	☐ HONEY
☐ TOBACCO	☐ SMOKE	☐ MELON	☐ APPLES
☐ LEATHER	☐ PEPPER	☐ OAK	☐ TROPICAL FRUITS
☐ MUSHROOM	☐ MINT	☐ BERRIES	☐ GRASS
☐ JAM	☐ SPICE	☐ NUTMEG	☐ FLORAL
☐ CHOCOLATE	☐ ALMOND	☐ VEGETAL	☐ _____
☐ _____	☐ _____	☐ _____	☐ _____

T A S T E

☐ DARK FRUITS	☐ EARTH	☐ TOAST	☐ NUTMEG
☐ BERRIES	☐ PEPPER	☐ GRASS	☐ VEGETAL
☐ PLUMS	☐ VANILLA	☐ CITRUS	☐ FLORAL
☐ MUSHROOM	☐ COFFEE	☐ MELON	☐ HONEY
☐ TOBACCO	☐ LICORICE	☐ LYCHEE	☐ PEARS
☐ CHOCOLATE	☐ LEATHER	☐ ALMOND	☐ PEACHES
☐ _____	☐ _____	☐ _____	☐ _____

R E V I E W / N O T E S

☆ ☆ ☆ ☆ ☆ _____

_____

_____

_____

_____

WINE NAME _____

WHEN _____ WHO _____

WHERE _____ PRICE _____

ALCOHOL % _____ VARIETAL _____

BODY — ⌁————————————————————⌁ +

TANNINS — ⌁————————————————————⌁ +

FLAVOUR INTENSITY — ⌁————————————————————⌁ +

SWEETNESS — ⌁————————————————————⌁ +

FINISH — ⌁————————————————————⌁ +

SMELL

- [ ] TOAST
- [ ] TOBACCO
- [ ] LEATHER
- [ ] MUSHROOM
- [ ] JAM
- [ ] CHOCOLATE
- [ ] _____

- [ ] COFFEE
- [ ] SMOKE
- [ ] PEPPER
- [ ] MINT
- [ ] SPICE
- [ ] ALMOND
- [ ] _____

- [ ] CITRUS
- [ ] MELON
- [ ] OAK
- [ ] BERRIES
- [ ] NUTMEG
- [ ] VEGETAL
- [ ] _____

- [ ] HONEY
- [ ] APPLES
- [ ] TROPICAL FRUITS
- [ ] GRASS
- [ ] FLORAL
- [ ] _____
- [ ] _____

TASTE

- [ ] DARK FRUITS
- [ ] BERRIES
- [ ] PLUMS
- [ ] MUSHROOM
- [ ] TOBACCO
- [ ] CHOCOLATE
- [ ] _____

- [ ] EARTH
- [ ] PEPPER
- [ ] VANILLA
- [ ] COFFEE
- [ ] LICORICE
- [ ] LEATHER
- [ ] _____

- [ ] TOAST
- [ ] GRASS
- [ ] CITRUS
- [ ] MELON
- [ ] LYCHEE
- [ ] ALMOND
- [ ] _____

- [ ] NUTMEG
- [ ] VEGETAL
- [ ] FLORAL
- [ ] HONEY
- [ ] PEARS
- [ ] PEACHES
- [ ] _____

REVIEW/NOTES

☆ ☆ ☆ ☆ ☆ _____

_____

_____

_____

_____

WINE NAME _____

WHEN _____ WHO _____

WHERE _____ PRICE _____

ALCOHOL % _____ VARIETAL _____

BODY   – ⊂_____⊃ +

TANNINS   – ⊂_____⊃ +

FLAVOUR INTENSITY   – ⊂_____⊃ +

SWEETNESS   – ⊂_____⊃ +

FINISH   – ⊂_____⊃ +

SMELL

☐ TOAST	☐ COFFEE	☐ CITRUS	☐ HONEY
☐ TOBACCO	☐ SMOKE	☐ MELON	☐ APPLES
☐ LEATHER	☐ PEPPER	☐ OAK	☐ TROPICAL FRUITS
☐ MUSHROOM	☐ MINT	☐ BERRIES	☐ GRASS
☐ JAM	☐ SPICE	☐ NUTMEG	☐ FLORAL
☐ CHOCOLATE	☐ ALMOND	☐ VEGETAL	☐ _____
☐ _____	☐ _____	☐ _____	☐ _____

TASTE

☐ DARK FRUITS	☐ EARTH	☐ TOAST	☐ NUTMEG
☐ BERRIES	☐ PEPPER	☐ GRASS	☐ VEGETAL
☐ PLUMS	☐ VANILLA	☐ CITRUS	☐ FLORAL
☐ MUSHROOM	☐ COFFEE	☐ MELON	☐ HONEY
☐ TOBACCO	☐ LICORICE	☐ LYCHEE	☐ PEARS
☐ CHOCOLATE	☐ LEATHER	☐ ALMOND	☐ PEACHES
☐ _____	☐ _____	☐ _____	☐ _____

REVIEW/NOTES

☆ ☆ ☆ ☆ ☆ _____

_____

_____

_____

_____

WINE NAME _____

WHEN _____   WHO _____

WHERE _____   PRICE _____

ALCOHOL % _____   VARIETAL _____

BODY   - (_____) +

TANNINS   - (_____) +

FLAVOUR INTENSITY   - (_____) +

SWEETNESS   - (_____) +

FINISH   - (_____) +

SMELL

☐ TOAST	☐ COFFEE	☐ CITRUS	☐ HONEY
☐ TOBACCO	☐ SMOKE	☐ MELON	☐ APPLES
☐ LEATHER	☐ PEPPER	☐ OAK	☐ TROPICAL FRUITS
☐ MUSHROOM	☐ MINT	☐ BERRIES	☐ GRASS
☐ JAM	☐ SPICE	☐ NUTMEG	☐ FLORAL
☐ CHOCOLATE	☐ ALMOND	☐ VEGETAL	☐ _____
☐ _____	☐ _____	☐ _____	☐ _____

TASTE

☐ DARK FRUITS	☐ EARTH	☐ TOAST	☐ NUTMEG
☐ BERRIES	☐ PEPPER	☐ GRASS	☐ VEGETAL
☐ PLUMS	☐ VANILLA	☐ CITRUS	☐ FLORAL
☐ MUSHROOM	☐ COFFEE	☐ MELON	☐ HONEY
☐ TOBACCO	☐ LICORICE	☐ LYCHEE	☐ PEARS
☐ CHOCOLATE	☐ LEATHER	☐ ALMOND	☐ PEACHES
☐ _____	☐ _____	☐ _____	☐ _____

REVIEW/NOTES

☆ ☆ ☆ ☆ ☆ _____

_____

_____

_____

_____

WINE NAME _____

WHEN _____ WHO _____

WHERE _____ PRICE _____

ALCOHOL % _____ VARIETAL _____

BODY   – (   ) +

TANNINS   – (   ) +

FLAVOUR INTENSITY – (   ) +

SWEETNESS   – (   ) +

FINISH   – (   ) +

S M E L L

☐ TOAST	☐ COFFEE	☐ CITRUS	☐ HONEY
☐ TOBACCO	☐ SMOKE	☐ MELON	☐ APPLES
☐ LEATHER	☐ PEPPER	☐ OAK	☐ TROPICAL FRUITS
☐ MUSHROOM	☐ MINT	☐ BERRIES	☐ GRASS
☐ JAM	☐ SPICE	☐ NUTMEG	☐ FLORAL
☐ CHOCOLATE	☐ ALMOND	☐ VEGETAL	☐ _____
☐ _____	☐ _____	☐ _____	☐ _____

T A S T E

☐ DARK FRUITS	☐ EARTH	☐ TOAST	☐ NUTMEG
☐ BERRIES	☐ PEPPER	☐ GRASS	☐ VEGETAL
☐ PLUMS	☐ VANILLA	☐ CITRUS	☐ FLORAL
☐ MUSHROOM	☐ COFFEE	☐ MELON	☐ HONEY
☐ TOBACCO	☐ LICORICE	☐ LYCHEE	☐ PEARS
☐ CHOCOLATE	☐ LEATHER	☐ ALMOND	☐ PEACHES
☐ _____	☐ _____	☐ _____	☐ _____

R E V I E W / N O T E S

☆ ☆ ☆ ☆ ☆ _____

_____

_____

_____

_____

WINE NAME _____

WHEN _____ WHO _____

WHERE _____ PRICE _____

ALCOHOL % _____ VARIETAL _____

BODY   − (_____) +

TANNINS   − (_____) +

FLAVOUR INTENSITY   − (_____) +

SWEETNESS   − (_____) +

FINISH   − (_____) +

SMELL

☐ TOAST	☐ COFFEE	☐ CITRUS	☐ HONEY
☐ TOBACCO	☐ SMOKE	☐ MELON	☐ APPLES
☐ LEATHER	☐ PEPPER	☐ OAK	☐ TROPICAL FRUITS
☐ MUSHROOM	☐ MINT	☐ BERRIES	☐ GRASS
☐ JAM	☐ SPICE	☐ NUTMEG	☐ FLORAL
☐ CHOCOLATE	☐ ALMOND	☐ VEGETAL	☐ _____
☐ _____	☐ _____	☐ _____	☐ _____

TASTE

☐ DARK FRUITS	☐ EARTH	☐ TOAST	☐ NUTMEG
☐ BERRIES	☐ PEPPER	☐ GRASS	☐ VEGETAL
☐ PLUMS	☐ VANILLA	☐ CITRUS	☐ FLORAL
☐ MUSHROOM	☐ COFFEE	☐ MELON	☐ HONEY
☐ TOBACCO	☐ LICORICE	☐ LYCHEE	☐ PEARS
☐ CHOCOLATE	☐ LEATHER	☐ ALMOND	☐ PEACHES
☐ _____	☐ _____	☐ _____	☐ _____

REVIEW/NOTES

☆ ☆ ☆ ☆ ☆ _____

_____

_____

_____

_____

WINE NAME _____

WHEN _____   WHO _____

WHERE _____   PRICE _____

ALCOHOL % _____   VARIETAL _____

BODY   - ◁_____▷ +

TANNINS   - ◁_____▷ +

FLAVOUR INTENSITY   - ◁_____▷ +

SWEETNESS   - ◁_____▷ +

FINISH   - ◁_____▷ +

SMELL

☐ TOAST	☐ COFFEE	☐ CITRUS	☐ HONEY
☐ TOBACCO	☐ SMOKE	☐ MELON	☐ APPLES
☐ LEATHER	☐ PEPPER	☐ OAK	☐ TROPICAL FRUITS
☐ MUSHROOM	☐ MINT	☐ BERRIES	☐ GRASS
☐ JAM	☐ SPICE	☐ NUTMEG	☐ FLORAL
☐ CHOCOLATE	☐ ALMOND	☐ VEGETAL	☐ _____
☐ _____	☐ _____	☐ _____	☐ _____

TASTE

☐ DARK FRUITS	☐ EARTH	☐ TOAST	☐ NUTMEG
☐ BERRIES	☐ PEPPER	☐ GRASS	☐ VEGETAL
☐ PLUMS	☐ VANILLA	☐ CITRUS	☐ FLORAL
☐ MUSHROOM	☐ COFFEE	☐ MELON	☐ HONEY
☐ TOBACCO	☐ LICORICE	☐ LYCHEE	☐ PEARS
☐ CHOCOLATE	☐ LEATHER	☐ ALMOND	☐ PEACHES
☐ _____	☐ _____	☐ _____	☐ _____

REVIEW/NOTES

☆ ☆ ☆ ☆ ☆ _____

_____

_____

_____

_____

WINE NAME _____

WHEN _____ WHO _____

WHERE _____ PRICE _____

ALCOHOL % _____ VARIETAL _____

BODY   − ⊏_____⊐ +

TANNINS   − ⊏_____⊐ +

FLAVOUR INTENSITY − ⊏_____⊐ +

SWEETNESS   − ⊏_____⊐ +

FINISH   − ⊏_____⊐ +

SMELL

☐ TOAST	☐ COFFEE	☐ CITRUS	☐ HONEY
☐ TOBACCO	☐ SMOKE	☐ MELON	☐ APPLES
☐ LEATHER	☐ PEPPER	☐ OAK	☐ TROPICAL FRUITS
☐ MUSHROOM	☐ MINT	☐ BERRIES	☐ GRASS
☐ JAM	☐ SPICE	☐ NUTMEG	☐ FLORAL
☐ CHOCOLATE	☐ ALMOND	☐ VEGETAL	☐ _____
☐	☐	☐	☐ _____

TASTE

☐ DARK FRUITS	☐ EARTH	☐ TOAST	☐ NUTMEG
☐ BERRIES	☐ PEPPER	☐ GRASS	☐ VEGETAL
☐ PLUMS	☐ VANILLA	☐ CITRUS	☐ FLORAL
☐ MUSHROOM	☐ COFFEE	☐ MELON	☐ HONEY
☐ TOBACCO	☐ LICORICE	☐ LYCHEE	☐ PEARS
☐ CHOCOLATE	☐ LEATHER	☐ ALMOND	☐ PEACHES
☐	☐	☐	☐ _____

REVIEW/NOTES

☆ ☆ ☆ ☆ ☆ _____

_____

_____

_____

_____

WINE NAME _____

WHEN _____ WHO _____

WHERE _____ PRICE _____

ALCOHOL % _____ VARIETAL _____

BODY   – (_____) +
TANNINS   – (_____) +
FLAVOUR INTENSITY – (_____) +
SWEETNESS   – (_____) +
FINISH   – (_____) +

SMELL

- ☐ TOAST
- ☐ TOBACCO
- ☐ LEATHER
- ☐ MUSHROOM
- ☐ JAM
- ☐ CHOCOLATE
- ☐ _____

- ☐ COFFEE
- ☐ SMOKE
- ☐ PEPPER
- ☐ MINT
- ☐ SPICE
- ☐ ALMOND
- ☐ _____

- ☐ CITRUS
- ☐ MELON
- ☐ OAK
- ☐ BERRIES
- ☐ NUTMEG
- ☐ VEGETAL
- ☐ _____

- ☐ HONEY
- ☐ APPLES
- ☐ TROPICAL FRUITS
- ☐ GRASS
- ☐ FLORAL
- ☐ _____
- ☐ _____

TASTE

- ☐ DARK FRUITS
- ☐ BERRIES
- ☐ PLUMS
- ☐ MUSHROOM
- ☐ TOBACCO
- ☐ CHOCOLATE
- ☐ _____

- ☐ EARTH
- ☐ PEPPER
- ☐ VANILLA
- ☐ COFFEE
- ☐ LICORICE
- ☐ LEATHER
- ☐ _____

- ☐ TOAST
- ☐ GRASS
- ☐ CITRUS
- ☐ MELON
- ☐ LYCHEE
- ☐ ALMOND
- ☐ _____

- ☐ NUTMEG
- ☐ VEGETAL
- ☐ FLORAL
- ☐ HONEY
- ☐ PEARS
- ☐ PEACHES
- ☐ _____

REVIEW/NOTES

☆ ☆ ☆ ☆ ☆ _____

_____

_____

_____

_____

WINE NAME _____

WHEN _____ WHO _____

WHERE _____ PRICE _____

ALCOHOL % _____ VARIETAL _____

BODY   − (⃝_____) +

TANNINS   − (⃝_____) +

FLAVOUR INTENSITY − (⃝_____) +

SWEETNESS   − (⃝_____) +

FINISH   − (⃝_____) +

SMELL

☐ TOAST   ☐ COFFEE   ☐ CITRUS   ☐ HONEY
☐ TOBACCO   ☐ SMOKE   ☐ MELON   ☐ APPLES
☐ LEATHER   ☐ PEPPER   ☐ OAK   ☐ TROPICAL FRUITS
☐ MUSHROOM   ☐ MINT   ☐ BERRIES   ☐ GRASS
☐ JAM   ☐ SPICE   ☐ NUTMEG   ☐ FLORAL
☐ CHOCOLATE   ☐ ALMOND   ☐ VEGETAL   ☐ _____
☐ _____ ☐ _____ ☐ _____ ☐ _____

TASTE

☐ DARK FRUITS ☐ EARTH   ☐ TOAST   ☐ NUTMEG
☐ BERRIES   ☐ PEPPER   ☐ GRASS   ☐ VEGETAL
☐ PLUMS   ☐ VANILLA   ☐ CITRUS   ☐ FLORAL
☐ MUSHROOM   ☐ COFFEE   ☐ MELON   ☐ HONEY
☐ TOBACCO   ☐ LICORICE   ☐ LYCHEE   ☐ PEARS
☐ CHOCOLATE   ☐ LEATHER   ☐ ALMOND   ☐ PEACHES
☐ _____ ☐ _____ ☐ _____ ☐ _____

REVIEW/NOTES

☆ ☆ ☆ ☆ ☆ _____

_____

_____

_____

_____

WINE NAME _____

WHEN _____ WHO _____

WHERE _____ PRICE _____

ALCOHOL % _____ VARIETAL _____

BODY   − ◯────┬────┬────┬────◯ +

TANNINS   − ◯────┬────┬────┬────◯ +

FLAVOUR INTENSITY   − ◯────┬────┬────┬────◯ +

SWEETNESS   − ◯────┬────┬────┬────◯ +

FINISH   − ◯────┬────┬────┬────◯ +

SMELL

☐ TOAST	☐ COFFEE	☐ CITRUS	☐ HONEY
☐ TOBACCO	☐ SMOKE	☐ MELON	☐ APPLES
☐ LEATHER	☐ PEPPER	☐ OAK	☐ TROPICAL FRUITS
☐ MUSHROOM	☐ MINT	☐ BERRIES	☐ GRASS
☐ JAM	☐ SPICE	☐ NUTMEG	☐ FLORAL
☐ CHOCOLATE	☐ ALMOND	☐ VEGETAL	☐ _____
☐ _____	☐ _____	☐ _____	☐ _____

TASTE

☐ DARK FRUITS	☐ EARTH	☐ TOAST	☐ NUTMEG
☐ BERRIES	☐ PEPPER	☐ GRASS	☐ VEGETAL
☐ PLUMS	☐ VANILLA	☐ CITRUS	☐ FLORAL
☐ MUSHROOM	☐ COFFEE	☐ MELON	☐ HONEY
☐ TOBACCO	☐ LICORICE	☐ LYCHEE	☐ PEARS
☐ CHOCOLATE	☐ LEATHER	☐ ALMOND	☐ PEACHES
☐ _____	☐ _____	☐ _____	☐ _____

REVIEW/NOTES

☆ ☆ ☆ ☆ ☆ _____

_____

_____

_____

_____

WINE NAME _____

WHEN _____ WHO _____

WHERE _____ PRICE _____

ALCOHOL % _____ VARIETAL _____

BODY   − (| | | |) +

TANNINS   − (| | | |) +

FLAVOUR INTENSITY − (| | | |) .+

SWEETNESS   − (| | | |) +

FINISH   − (| | | |) +

SMELL

☐ TOAST	☐ COFFEE	☐ CITRUS	☐ HONEY
☐ TOBACCO	☐ SMOKE	☐ MELON	☐ APPLES
☐ LEATHER	☐ PEPPER	☐ OAK	☐ TROPICAL FRUITS
☐ MUSHROOM	☐ MINT	☐ BERRIES	☐ GRASS
☐ JAM	☐ SPICE	☐ NUTMEG	☐ FLORAL
☐ CHOCOLATE	☐ ALMOND	☐ VEGETAL	☐ _____
☐ _____	☐ _____	☐ _____	☐ _____

TASTE

☐ DARK FRUITS	☐ EARTH	☐ TOAST	☐ NUTMEG
☐ BERRIES	☐ PEPPER	☐ GRASS	☐ VEGETAL
☐ PLUMS	☐ VANILLA	☐ CITRUS	☐ FLORAL
☐ MUSHROOM	☐ COFFEE	☐ MELON	☐ HONEY
☐ TOBACCO	☐ LICORICE	☐ LYCHEE	☐ PEARS
☐ CHOCOLATE	☐ LEATHER	☐ ALMOND	☐ PEACHES
☐ _____	☐ _____	☐ _____	☐ _____

REVIEW/NOTES

☆ ☆ ☆ ☆ ☆ _____

_____

_____

_____

_____

WINE NAME _____

WHEN _____ WHO _____

WHERE _____ PRICE _____

ALCOHOL % _____ VARIETAL _____

BODY   - (_____) +

TANNINS   - (_____) +

FLAVOUR INTENSITY - (_____) +

SWEETNESS   - (_____) +

FINISH   - (_____) +

SMELL

- ☐ TOAST
- ☐ TOBACCO
- ☐ LEATHER
- ☐ MUSHROOM
- ☐ JAM
- ☐ CHOCOLATE
- ☐ _____

- ☐ COFFEE
- ☐ SMOKE
- ☐ PEPPER
- ☐ MINT
- ☐ SPICE
- ☐ ALMOND
- ☐ _____

- ☐ CITRUS
- ☐ MELON
- ☐ OAK
- ☐ BERRIES
- ☐ NUTMEG
- ☐ VEGETAL
- ☐ _____

- ☐ HONEY
- ☐ APPLES
- ☐ TROPICAL FRUITS
- ☐ GRASS
- ☐ FLORAL
- ☐ _____
- ☐ _____

TASTE

- ☐ DARK FRUITS
- ☐ BERRIES
- ☐ PLUMS
- ☐ MUSHROOM
- ☐ TOBACCO
- ☐ CHOCOLATE
- ☐ _____

- ☐ EARTH
- ☐ PEPPER
- ☐ VANILLA
- ☐ COFFEE
- ☐ LICORICE
- ☐ LEATHER
- ☐ _____

- ☐ TOAST
- ☐ GRASS
- ☐ CITRUS
- ☐ MELON
- ☐ LYCHEE
- ☐ ALMOND
- ☐ _____

- ☐ NUTMEG
- ☐ VEGETAL
- ☐ FLORAL
- ☐ HONEY
- ☐ PEARS
- ☐ PEACHES
- ☐ _____

REVIEW/NOTES

☆ ☆ ☆ ☆ ☆ _____

_____

_____

_____

_____

WINE NAME _____

WHEN _____ WHO _____

WHERE _____ PRICE _____

ALCOHOL % _____ VARIETAL _____

BODY   – (_____) +

TANNINS   – (_____) +

FLAVOUR INTENSITY – (_____) +

SWEETNESS   – (_____) +

FINISH   – (_____) +

S M E L L

☐ TOAST   ☐ COFFEE   ☐ CITRUS   ☐ HONEY
☐ TOBACCO   ☐ SMOKE   ☐ MELON   ☐ APPLES
☐ LEATHER   ☐ PEPPER   ☐ OAK   ☐ TROPICAL FRUITS
☐ MUSHROOM   ☐ MINT   ☐ BERRIES   ☐ GRASS
☐ JAM   ☐ SPICE   ☐ NUTMEG   ☐ FLORAL
☐ CHOCOLATE   ☐ ALMOND   ☐ VEGETAL   ☐ _____
☐ _____   ☐ _____ ☐ _____ ☐

T A S T E

☐ DARK FRUITS   ☐ EARTH   ☐ TOAST   ☐ NUTMEG
☐ BERRIES   ☐ PEPPER   ☐ GRASS   ☐ VEGETAL
☐ PLUMS   ☐ VANILLA   ☐ CITRUS   ☐ FLORAL
☐ MUSHROOM   ☐ COFFEE   ☐ MELON   ☐ HONEY
☐ TOBACCO   ☐ LICORICE   ☐ LYCHEE   ☐ PEARS
☐ CHOCOLATE   ☐ LEATHER   ☐ ALMOND   ☐ PEACHES
☐ _____   ☐ _____ ☐ _____ ☐

R E V I E W / N O T E S

☆ ☆ ☆ ☆ ☆ _____

_____

_____

_____

_____

WINE NAME _____

WHEN _____ WHO _____

WHERE _____ PRICE _____

ALCOHOL % _____ VARIETAL _____

BODY — (| | | |) +

TANNINS — (| | | |) +

FLAVOUR INTENSITY — (| | | |) +

SWEETNESS — (| | | |) +

FINISH — (| | | |) +

SMELL

☐ TOAST	☐ COFFEE	☐ CITRUS	☐ HONEY
☐ TOBACCO	☐ SMOKE	☐ MELON	☐ APPLES
☐ LEATHER	☐ PEPPER	☐ OAK	☐ TROPICAL FRUITS
☐ MUSHROOM	☐ MINT	☐ BERRIES	☐ GRASS
☐ JAM	☐ SPICE	☐ NUTMEG	☐ FLORAL
☐ CHOCOLATE	☐ ALMOND	☐ VEGETAL	☐ _____
☐ _____	☐ _____	☐ _____	☐ _____

TASTE

☐ DARK FRUITS	☐ EARTH	☐ TOAST	☐ NUTMEG
☐ BERRIES	☐ PEPPER	☐ GRASS	☐ VEGETAL
☐ PLUMS	☐ VANILLA	☐ CITRUS	☐ FLORAL
☐ MUSHROOM	☐ COFFEE	☐ MELON	☐ HONEY
☐ TOBACCO	☐ LICORICE	☐ LYCHEE	☐ PEARS
☐ CHOCOLATE	☐ LEATHER	☐ ALMOND	☐ PEACHES
☐ _____	☐ _____	☐ _____	☐ _____

REVIEW/NOTES

☆ ☆ ☆ ☆ ☆ _____

_____

_____

_____

_____

WINE NAME _____

WHEN _____ WHO _____

WHERE _____ PRICE _____

ALCOHOL % _____ VARIETAL _____

BODY   - (_____) +
TANNINS   - (_____) +
FLAVOUR INTENSITY - (_____) +
SWEETNESS   - (_____) +
FINISH   - (_____) +

SMELL

- [ ] TOAST
- [ ] TOBACCO
- [ ] LEATHER
- [ ] MUSHROOM
- [ ] JAM
- [ ] CHOCOLATE
- [ ] _____

- [ ] COFFEE
- [ ] SMOKE
- [ ] PEPPER
- [ ] MINT
- [ ] SPICE
- [ ] ALMOND
- [ ] _____

- [ ] CITRUS
- [ ] MELON
- [ ] OAK
- [ ] BERRIES
- [ ] NUTMEG
- [ ] VEGETAL
- [ ] _____

- [ ] HONEY
- [ ] APPLES
- [ ] TROPICAL FRUITS
- [ ] GRASS
- [ ] FLORAL
- [ ] _____
- [ ] _____

TASTE

- [ ] DARK FRUITS
- [ ] BERRIES
- [ ] PLUMS
- [ ] MUSHROOM
- [ ] TOBACCO
- [ ] CHOCOLATE
- [ ] _____

- [ ] EARTH
- [ ] PEPPER
- [ ] VANILLA
- [ ] COFFEE
- [ ] LICORICE
- [ ] LEATHER
- [ ] _____

- [ ] TOAST
- [ ] GRASS
- [ ] CITRUS
- [ ] MELON
- [ ] LYCHEE
- [ ] ALMOND
- [ ] _____

- [ ] NUTMEG
- [ ] VEGETAL
- [ ] FLORAL
- [ ] HONEY
- [ ] PEARS
- [ ] PEACHES
- [ ] _____

REVIEW/NOTES

☆ ☆ ☆ ☆ ☆ _____

_____

_____

_____

_____

WINE NAME _____

WHEN _____ WHO _____

WHERE _____ PRICE _____

ALCOHOL % _____ VARIETAL _____

BODY   − (   ) +

TANNINS   − (   ) +

FLAVOUR INTENSITY   − (   ) +

SWEETNESS   − (   ) +

FINISH   − (   ) +

SMELL

☐ TOAST	☐ COFFEE	☐ CITRUS	☐ HONEY
☐ TOBACCO	☐ SMOKE	☐ MELON	☐ APPLES
☐ LEATHER	☐ PEPPER	☐ OAK	☐ TROPICAL FRUITS
☐ MUSHROOM	☐ MINT	☐ BERRIES	☐ GRASS
☐ JAM	☐ SPICE	☐ NUTMEG	☐ FLORAL
☐ CHOCOLATE	☐ ALMOND	☐ VEGETAL	☐ _____
☐ _____	☐ _____	☐ _____	☐ _____

TASTE

☐ DARK FRUITS	☐ EARTH	☐ TOAST	☐ NUTMEG
☐ BERRIES	☐ PEPPER	☐ GRASS	☐ VEGETAL
☐ PLUMS	☐ VANILLA	☐ CITRUS	☐ FLORAL
☐ MUSHROOM	☐ COFFEE	☐ MELON	☐ HONEY
☐ TOBACCO	☐ LICORICE	☐ LYCHEE	☐ PEARS
☐ CHOCOLATE	☐ LEATHER	☐ ALMOND	☐ PEACHES
☐ _____	☐ _____	☐ _____	☐ _____

REVIEW/NOTES

☆ ☆ ☆ ☆ ☆ _____

_____

_____

_____

_____

WINE NAME _____

WHEN _____   WHO _____

WHERE _____   PRICE _____

ALCOHOL % _____   VARIETAL _____

BODY   - (| | | |) +
TANNINS   - (| | | |) +
FLAVOUR INTENSITY - (| | | |) +
SWEETNESS   - (| | | |) +
FINISH   - (| | | |) +

SMELL

☐ TOAST   ☐ COFFEE   ☐ CITRUS   ☐ HONEY
☐ TOBACCO   ☐ SMOKE   ☐ MELON   ☐ APPLES
☐ LEATHER   ☐ PEPPER   ☐ OAK   ☐ TROPICAL FRUITS
☐ MUSHROOM   ☐ MINT   ☐ BERRIES   ☐ GRASS
☐ JAM   ☐ SPICE   ☐ NUTMEG   ☐ FLORAL
☐ CHOCOLATE   ☐ ALMOND   ☐ VEGETAL   ☐ _____
☐   ☐ _____ ☐ _____ ☐

TASTE

☐ DARK FRUITS ☐ EARTH   ☐ TOAST   ☐ NUTMEG
☐ BERRIES   ☐ PEPPER   ☐ GRASS   ☐ VEGETAL
☐ PLUMS   ☐ VANILLA   ☐ CITRUS   ☐ FLORAL
☐ MUSHROOM   ☐ COFFEE   ☐ MELON   ☐ HONEY
☐ TOBACCO   ☐ LICORICE   ☐ LYCHEE   ☐ PEARS
☐ CHOCOLATE   ☐ LEATHER   ☐ ALMOND   ☐ PEACHES
☐   ☐ _____ ☐ _____ ☐ _____

REVIEW/NOTES

☆ ☆ ☆ ☆ ☆ _____

_____

_____

_____

_____

WINE NAME _____

WHEN _____ WHO _____

WHERE _____ PRICE _____

ALCOHOL % _____ VARIETAL _____

BODY   - (_____) +
TANNINS   - (_____) +
FLAVOUR INTENSITY - (_____) +
SWEETNESS   - (_____) +
FINISH   - (_____) +

SMELL

☐ TOAST   ☐ COFFEE   ☐ CITRUS   ☐ HONEY
☐ TOBACCO   ☐ SMOKE   ☐ MELON   ☐ APPLES
☐ LEATHER   ☐ PEPPER   ☐ OAK   ☐ TROPICAL FRUITS
☐ MUSHROOM   ☐ MINT   ☐ BERRIES   ☐ GRASS
☐ JAM   ☐ SPICE   ☐ NUTMEG   ☐ FLORAL
☐ CHOCOLATE   ☐ ALMOND   ☐ VEGETAL   ☐ _____
☐ _____   ☐ _____ ☐ _____ ☐ _____

TASTE

☐ DARK FRUITS ☐ EARTH   ☐ TOAST   ☐ NUTMEG
☐ BERRIES   ☐ PEPPER   ☐ GRASS   ☐ VEGETAL
☐ PLUMS   ☐ VANILLA   ☐ CITRUS   ☐ FLORAL
☐ MUSHROOM   ☐ COFFEE   ☐ MELON   ☐ HONEY
☐ TOBACCO   ☐ LICORICE   ☐ LYCHEE   ☐ PEARS
☐ CHOCOLATE   ☐ LEATHER   ☐ ALMOND   ☐ PEACHES
☐ _____   ☐ _____ ☐ _____ ☐ _____

REVIEW/NOTES

☆ ☆ ☆ ☆ ☆ _____

_____

_____

_____

_____

WINE NAME _____

WHEN _____ WHO _____

WHERE _____ PRICE _____

ALCOHOL % _____ VARIETAL _____

BODY   - (_____) +
TANNINS   - (_____) +
FLAVOUR INTENSITY - (_____) +
SWEETNESS   - (_____) +
FINISH   - (_____) +

———— S M E L L ————

☐ TOAST	☐ COFFEE	☐ CITRUS	☐ HONEY
☐ TOBACCO	☐ SMOKE	☐ MELON	☐ APPLES
☐ LEATHER	☐ PEPPER	☐ OAK	☐ TROPICAL FRUITS
☐ MUSHROOM	☐ MINT	☐ BERRIES	☐ GRASS
☐ JAM	☐ SPICE	☐ NUTMEG	☐ FLORAL
☐ CHOCOLATE	☐ ALMOND	☐ VEGETAL	☐ _____
☐ _____	☐ _____	☐ _____	☐ _____

———— T A S T E ————

☐ DARK FRUITS	☐ EARTH	☐ TOAST	☐ NUTMEG
☐ BERRIES	☐ PEPPER	☐ GRASS	☐ VEGETAL
☐ PLUMS	☐ VANILLA	☐ CITRUS	☐ FLORAL
☐ MUSHROOM	☐ COFFEE	☐ MELON	☐ HONEY
☐ TOBACCO	☐ LICORICE	☐ LYCHEE	☐ PEARS
☐ CHOCOLATE	☐ LEATHER	☐ ALMOND	☐ PEACHES
☐ _____	☐ _____	☐ _____	☐ _____

———— R E V I E W / N O T E S ————

☆ ☆ ☆ ☆ ☆ _____

_____

_____

_____

_____

WINE NAME _____

WHEN _____ WHO _____

WHERE _____ PRICE _____

ALCOHOL % _____ VARIETAL _____

BODY — ⎡ ⎤ +
TANNINS — ⎡ ⎤ +
FLAVOUR INTENSITY — ⎡ ⎤ +
SWEETNESS — ⎡ ⎤ +
FINISH — ⎡ ⎤ +

SMELL

☐ TOAST	☐ COFFEE	☐ CITRUS	☐ HONEY
☐ TOBACCO	☐ SMOKE	☐ MELON	☐ APPLES
☐ LEATHER	☐ PEPPER	☐ OAK	☐ TROPICAL FRUITS
☐ MUSHROOM	☐ MINT	☐ BERRIES	☐ GRASS
☐ JAM	☐ SPICE	☐ NUTMEG	☐ FLORAL
☐ CHOCOLATE	☐ ALMOND	☐ VEGETAL	☐ _____
☐ _____	☐ _____	☐ _____	☐ _____

TASTE

☐ DARK FRUITS	☐ EARTH	☐ TOAST	☐ NUTMEG
☐ BERRIES	☐ PEPPER	☐ GRASS	☐ VEGETAL
☐ PLUMS	☐ VANILLA	☐ CITRUS	☐ FLORAL
☐ MUSHROOM	☐ COFFEE	☐ MELON	☐ HONEY
☐ TOBACCO	☐ LICORICE	☐ LYCHEE	☐ PEARS
☐ CHOCOLATE	☐ LEATHER	☐ ALMOND	☐ PEACHES
☐ _____	☐ _____	☐ _____	☐ _____

REVIEW/NOTES

☆ ☆ ☆ ☆ ☆ _____

_____

_____

_____

_____

WINE NAME _____

WHEN _____   WHO _____

WHERE _____   PRICE _____

ALCOHOL % _____   VARIETAL _____

BODY   - [_____] +

TANNINS   - [_____] +

FLAVOUR INTENSITY - [_____] +

SWEETNESS   - [_____] +

FINISH   - [_____] +

SMELL

- [ ] TOAST
- [ ] TOBACCO
- [ ] LEATHER
- [ ] MUSHROOM
- [ ] JAM
- [ ] CHOCOLATE
- [ ] _____

- [ ] COFFEE
- [ ] SMOKE
- [ ] PEPPER
- [ ] MINT
- [ ] SPICE
- [ ] ALMOND
- [ ] _____

- [ ] CITRUS
- [ ] MELON
- [ ] OAK
- [ ] BERRIES
- [ ] NUTMEG
- [ ] VEGETAL
- [ ] _____

- [ ] HONEY
- [ ] APPLES
- [ ] TROPICAL FRUITS
- [ ] GRASS
- [ ] FLORAL
- [ ] _____
- [ ] _____

TASTE

- [ ] DARK FRUITS
- [ ] BERRIES
- [ ] PLUMS
- [ ] MUSHROOM
- [ ] TOBACCO
- [ ] CHOCOLATE
- [ ] _____

- [ ] EARTH
- [ ] PEPPER
- [ ] VANILLA
- [ ] COFFEE
- [ ] LICORICE
- [ ] LEATHER
- [ ] _____

- [ ] TOAST
- [ ] GRASS
- [ ] CITRUS
- [ ] MELON
- [ ] LYCHEE
- [ ] ALMOND
- [ ] _____

- [ ] NUTMEG
- [ ] VEGETAL
- [ ] FLORAL
- [ ] HONEY
- [ ] PEARS
- [ ] PEACHES
- [ ] _____

REVIEW/NOTES

☆ ☆ ☆ ☆ ☆ _____

_____

_____

_____

_____

WINE NAME _____

WHEN _____   WHO _____

WHERE _____   PRICE _____

ALCOHOL % _____   VARIETAL _____

BODY   — (_____) +

TANNINS   — (_____) +

FLAVOUR INTENSITY   — (_____) +

SWEETNESS   — (_____) +

FINISH   — (_____) +

SMELL

☐ TOAST	☐ COFFEE	☐ CITRUS	☐ HONEY
☐ TOBACCO	☐ SMOKE	☐ MELON	☐ APPLES
☐ LEATHER	☐ PEPPER	☐ OAK	☐ TROPICAL FRUITS
☐ MUSHROOM	☐ MINT	☐ BERRIES	☐ GRASS
☐ JAM	☐ SPICE	☐ NUTMEG	☐ FLORAL
☐ CHOCOLATE	☐ ALMOND	☐ VEGETAL	☐ _____
☐ _____	☐ _____	☐ _____	☐ _____

TASTE

☐ DARK FRUITS	☐ EARTH	☐ TOAST	☐ NUTMEG
☐ BERRIES	☐ PEPPER	☐ GRASS	☐ VEGETAL
☐ PLUMS	☐ VANILLA	☐ CITRUS	☐ FLORAL
☐ MUSHROOM	☐ COFFEE	☐ MELON	☐ HONEY
☐ TOBACCO	☐ LICORICE	☐ LYCHEE	☐ PEARS
☐ CHOCOLATE	☐ LEATHER	☐ ALMOND	☐ PEACHES
☐ _____	☐ _____	☐ _____	☐ _____

REVIEW/NOTES

☆ ☆ ☆ ☆ ☆ _____

_____

_____

_____

_____

WINE NAME _____

WHEN _____ WHO _____

WHERE _____ PRICE _____

ALCOHOL % _____ VARIETAL _____

BODY   − [| | | |] +

TANNINS   − [| | | |] +

FLAVOUR INTENSITY   − [| | | |] +

SWEETNESS   − [| | | |] +

FINISH   − [| | | |] +

S M E L L

☐ TOAST	☐ COFFEE	☐ CITRUS	☐ HONEY
☐ TOBACCO	☐ SMOKE	☐ MELON	☐ APPLES
☐ LEATHER	☐ PEPPER	☐ OAK	☐ TROPICAL FRUITS
☐ MUSHROOM	☐ MINT	☐ BERRIES	☐ GRASS
☐ JAM	☐ SPICE	☐ NUTMEG	☐ FLORAL
☐ CHOCOLATE	☐ ALMOND	☐ VEGETAL	☐ _____
☐ _____	☐ _____	☐ _____	☐ _____

T A S T E

☐ DARK FRUITS	☐ EARTH	☐ TOAST	☐ NUTMEG
☐ BERRIES	☐ PEPPER	☐ GRASS	☐ VEGETAL
☐ PLUMS	☐ VANILLA	☐ CITRUS	☐ FLORAL
☐ MUSHROOM	☐ COFFEE	☐ MELON	☐ HONEY
☐ TOBACCO	☐ LICORICE	☐ LYCHEE	☐ PEARS
☐ CHOCOLATE	☐ LEATHER	☐ ALMOND	☐ PEACHES
☐ _____	☐ _____	☐ _____	☐ _____

R E V I E W / N O T E S

☆ ☆ ☆ ☆ ☆ _____

_____

_____

_____

_____

WINE NAME _____

WHEN _____ WHO _____

WHERE _____ PRICE _____

ALCOHOL % _____ VARIETAL _____

BODY   − ⌈_____⌉ +

TANNINS   − ⌈_____⌉ +

FLAVOUR INTENSITY   − ⌈_____⌉ +

SWEETNESS   − ⌈_____⌉ +

FINISH   − ⌈_____⌉ +

SMELL

☐ TOAST	☐ COFFEE	☐ CITRUS	☐ HONEY
☐ TOBACCO	☐ SMOKE	☐ MELON	☐ APPLES
☐ LEATHER	☐ PEPPER	☐ OAK	☐ TROPICAL FRUITS
☐ MUSHROOM	☐ MINT	☐ BERRIES	☐ GRASS
☐ JAM	☐ SPICE	☐ NUTMEG	☐ FLORAL
☐ CHOCOLATE	☐ ALMOND	☐ VEGETAL	☐ _____
☐ _____	☐ _____	☐ _____	☐ _____

TASTE

☐ DARK FRUITS	☐ EARTH	☐ TOAST	☐ NUTMEG
☐ BERRIES	☐ PEPPER	☐ GRASS	☐ VEGETAL
☐ PLUMS	☐ VANILLA	☐ CITRUS	☐ FLORAL
☐ MUSHROOM	☐ COFFEE	☐ MELON	☐ HONEY
☐ TOBACCO	☐ LICORICE	☐ LYCHEE	☐ PEARS
☐ CHOCOLATE	☐ LEATHER	☐ ALMOND	☐ PEACHES
☐ _____	☐ _____	☐ _____	☐ _____

REVIEW/NOTES

☆ ☆ ☆ ☆ ☆ _____

_____

_____

_____

_____

WINE NAME _____

WHEN _____ WHO _____

WHERE _____ PRICE _____

ALCOHOL % _____ VARIETAL _____

BODY   − (___ | ___ | ___ | ___ | ___) +
TANNINS   − (___ | ___ | ___ | ___ | ___) +
FLAVOUR INTENSITY − (___ | ___ | ___ | ___ | ___) +
SWEETNESS   − (___ | ___ | ___ | ___ | ___) +
FINISH   − (___ | ___ | ___ | ___ | ___) +

S M E L L

☐ TOAST	☐ COFFEE	☐ CITRUS	☐ HONEY
☐ TOBACCO	☐ SMOKE	☐ MELON	☐ APPLES
☐ LEATHER	☐ PEPPER	☐ OAK	☐ TROPICAL FRUITS
☐ MUSHROOM	☐ MINT	☐ BERRIES	☐ GRASS
☐ JAM	☐ SPICE	☐ NUTMEG	☐ FLORAL
☐ CHOCOLATE	☐ ALMOND	☐ VEGETAL	☐ _____
☐ _____	☐ _____	☐ _____	☐ _____

T A S T E

☐ DARK FRUITS	☐ EARTH	☐ TOAST	☐ NUTMEG
☐ BERRIES	☐ PEPPER	☐ GRASS	☐ VEGETAL
☐ PLUMS	☐ VANILLA	☐ CITRUS	☐ FLORAL
☐ MUSHROOM	☐ COFFEE	☐ MELON	☐ HONEY
☐ TOBACCO	☐ LICORICE	☐ LYCHEE	☐ PEARS
☐ CHOCOLATE	☐ LEATHER	☐ ALMOND	☐ PEACHES
☐ _____	☐ _____	☐ _____	☐ _____

R E V I E W / N O T E S

☆ ☆ ☆ ☆ ☆ _____

_____

_____

_____

_____

WINE NAME _____

WHEN _____ WHO _____

WHERE _____ PRICE _____

ALCOHOL % _____ VARIETAL _____

BODY   − (   ) +
TANNINS   − (   ) +
FLAVOUR INTENSITY − (   ) +
SWEETNESS   − (   ) +
FINISH   − (   ) +

SMELL

- [ ] TOAST
- [ ] TOBACCO
- [ ] LEATHER
- [ ] MUSHROOM
- [ ] JAM
- [ ] CHOCOLATE
- [ ] _____

- [ ] COFFEE
- [ ] SMOKE
- [ ] PEPPER
- [ ] MINT
- [ ] SPICE
- [ ] ALMOND
- [ ] _____

- [ ] CITRUS
- [ ] MELON
- [ ] OAK
- [ ] BERRIES
- [ ] NUTMEG
- [ ] VEGETAL
- [ ] _____

- [ ] HONEY
- [ ] APPLES
- [ ] TROPICAL FRUITS
- [ ] GRASS
- [ ] FLORAL
- [ ] _____

TASTE

- [ ] DARK FRUITS
- [ ] BERRIES
- [ ] PLUMS
- [ ] MUSHROOM
- [ ] TOBACCO
- [ ] CHOCOLATE
- [ ] _____

- [ ] EARTH
- [ ] PEPPER
- [ ] VANILLA
- [ ] COFFEE
- [ ] LICORICE
- [ ] LEATHER
- [ ] _____

- [ ] TOAST
- [ ] GRASS
- [ ] CITRUS
- [ ] MELON
- [ ] LYCHEE
- [ ] ALMOND
- [ ] _____

- [ ] NUTMEG
- [ ] VEGETAL
- [ ] FLORAL
- [ ] HONEY
- [ ] PEARS
- [ ] PEACHES
- [ ] _____

REVIEW/NOTES

☆ ☆ ☆ ☆ ☆ _____

_____

_____

_____

_____

WINE NAME _____

WHEN _____ WHO _____

WHERE _____ PRICE _____

ALCOHOL % _____ VARIETAL _____

BODY − (| | | |) +

TANNINS − (| | | |) +

FLAVOUR INTENSITY − (| | | |) +

SWEETNESS − (| | | |) +

FINISH − (| | | |) +

SMELL

☐ TOAST   ☐ COFFEE   ☐ CITRUS   ☐ HONEY
☐ TOBACCO   ☐ SMOKE   ☐ MELON   ☐ APPLES
☐ LEATHER   ☐ PEPPER   ☐ OAK   ☐ TROPICAL FRUITS
☐ MUSHROOM   ☐ MINT   ☐ BERRIES   ☐ GRASS
☐ JAM   ☐ SPICE   ☐ NUTMEG   ☐ FLORAL
☐ CHOCOLATE   ☐ ALMOND   ☐ VEGETAL   ☐ _____
☐ _____   ☐ _____   ☐ _____   ☐ _____

TASTE

☐ DARK FRUITS   ☐ EARTH   ☐ TOAST   ☐ NUTMEG
☐ BERRIES   ☐ PEPPER   ☐ GRASS   ☐ VEGETAL
☐ PLUMS   ☐ VANILLA   ☐ CITRUS   ☐ FLORAL
☐ MUSHROOM   ☐ COFFEE   ☐ MELON   ☐ HONEY
☐ TOBACCO   ☐ LICORICE   ☐ LYCHEE   ☐ PEARS
☐ CHOCOLATE   ☐ LEATHER   ☐ ALMOND   ☐ PEACHES
☐ _____   ☐ _____   ☐ _____   ☐ _____

REVIEW/NOTES

☆ ☆ ☆ ☆ ☆ _____

_____

_____

_____

_____

WINE NAME _____

WHEN _____   WHO _____

WHERE _____   PRICE _____

ALCOHOL % _____   VARIETAL _____

BODY   — (⬚ | ⬚ | ⬚ | ⬚ | ⬚) +

TANNINS   — (⬚ | ⬚ | ⬚ | ⬚ | ⬚) +

FLAVOUR INTENSITY   — (⬚ | ⬚ | ⬚ | ⬚ | ⬚) +

SWEETNESS   — (⬚ | ⬚ | ⬚ | ⬚ | ⬚) +

FINISH   — (⬚ | ⬚ | ⬚ | ⬚ | ⬚) +

SMELL

☐ TOAST	☐ COFFEE	☐ CITRUS	☐ HONEY
☐ TOBACCO	☐ SMOKE	☐ MELON	☐ APPLES
☐ LEATHER	☐ PEPPER	☐ OAK	☐ TROPICAL FRUITS
☐ MUSHROOM	☐ MINT	☐ BERRIES	☐ GRASS
☐ JAM	☐ SPICE	☐ NUTMEG	☐ FLORAL
☐ CHOCOLATE	☐ ALMOND	☐ VEGETAL	☐ _____
☐ _____	☐	☐ _____	☐ _____

TASTE

☐ DARK FRUITS	☐ EARTH	☐ TOAST	☐ NUTMEG
☐ BERRIES	☐ PEPPER	☐ GRASS	☐ VEGETAL
☐ PLUMS	☐ VANILLA	☐ CITRUS	☐ FLORAL
☐ MUSHROOM	☐ COFFEE	☐ MELON	☐ HONEY
☐ TOBACCO	☐ LICORICE	☐ LYCHEE	☐ PEARS
☐ CHOCOLATE	☐ LEATHER	☐ ALMOND	☐ PEACHES
☐ _____	☐	☐ _____	☐ _____

REVIEW/NOTES

☆ ☆ ☆ ☆ ☆ _____

_____

_____

_____

_____

WINE NAME _____

WHEN _____ WHO _____

WHERE _____ PRICE _____

ALCOHOL % _____ VARIETAL _____

BODY   − (_____) +

TANNINS   − (_____) +

FLAVOUR INTENSITY   − (_____) +

SWEETNESS   − (_____) +

FINISH   − (_____) +

SMELL

☐ TOAST	☐ COFFEE	☐ CITRUS	☐ HONEY
☐ TOBACCO	☐ SMOKE	☐ MELON	☐ APPLES
☐ LEATHER	☐ PEPPER	☐ OAK	☐ TROPICAL FRUITS
☐ MUSHROOM	☐ MINT	☐ BERRIES	☐ GRASS
☐ JAM	☐ SPICE	☐ NUTMEG	☐ FLORAL
☐ CHOCOLATE	☐ ALMOND	☐ VEGETAL	☐ _____
☐ _____	☐ _____	☐ _____	☐ _____

TASTE

☐ DARK FRUITS	☐ EARTH	☐ TOAST	☐ NUTMEG
☐ BERRIES	☐ PEPPER	☐ GRASS	☐ VEGETAL
☐ PLUMS	☐ VANILLA	☐ CITRUS	☐ FLORAL
☐ MUSHROOM	☐ COFFEE	☐ MELON	☐ HONEY
☐ TOBACCO	☐ LICORICE	☐ LYCHEE	☐ PEARS
☐ CHOCOLATE	☐ LEATHER	☐ ALMOND	☐ PEACHES
☐ _____	☐ _____	☐ _____	☐ _____

REVIEW/NOTES

☆ ☆ ☆ ☆ ☆ _____

_____

_____

_____

_____

WINE NAME _____

WHEN _____ WHO _____

WHERE _____ PRICE _____

ALCOHOL % _____ VARIETAL _____

BODY   – (_____) +

TANNINS   – (_____) +

FLAVOUR INTENSITY   – (_____) +

SWEETNESS   – (_____) +

FINISH   – (_____) +

S M E L L

☐ TOAST	☐ COFFEE	☐ CITRUS	☐ HONEY
☐ TOBACCO	☐ SMOKE	☐ MELON	☐ APPLES
☐ LEATHER	☐ PEPPER	☐ OAK	☐ TROPICAL FRUITS
☐ MUSHROOM	☐ MINT	☐ BERRIES	☐ GRASS
☐ JAM	☐ SPICE	☐ NUTMEG	☐ FLORAL
☐ CHOCOLATE	☐ ALMOND	☐ VEGETAL	☐ _____
☐ _____	☐ _____	☐ _____	☐ _____

T A S T E

☐ DARK FRUITS	☐ EARTH	☐ TOAST	☐ NUTMEG
☐ BERRIES	☐ PEPPER	☐ GRASS	☐ VEGETAL
☐ PLUMS	☐ VANILLA	☐ CITRUS	☐ FLORAL
☐ MUSHROOM	☐ COFFEE	☐ MELON	☐ HONEY
☐ TOBACCO	☐ LICORICE	☐ LYCHEE	☐ PEARS
☐ CHOCOLATE	☐ LEATHER	☐ ALMOND	☐ PEACHES
☐ _____	☐ _____	☐ _____	☐ _____

R E V I E W / N O T E S

☆ ☆ ☆ ☆ ☆ _____

_____

_____

_____

_____

WINE NAME _____

WHEN _____ WHO _____

WHERE _____ PRICE _____

ALCOHOL % _____ VARIETAL _____

BODY   − (_____) +

TANNINS   − (_____) +

FLAVOUR INTENSITY   − (_____) +

SWEETNESS   − (_____) +

FINISH   − (_____) +

SMELL

☐ TOAST   ☐ COFFEE   ☐ CITRUS   ☐ HONEY
☐ TOBACCO   ☐ SMOKE   ☐ MELON   ☐ APPLES
☐ LEATHER   ☐ PEPPER   ☐ OAK   ☐ TROPICAL FRUITS
☐ MUSHROOM   ☐ MINT   ☐ BERRIES   ☐ GRASS
☐ JAM   ☐ SPICE   ☐ NUTMEG   ☐ FLORAL
☐ CHOCOLATE   ☐ ALMOND   ☐ VEGETAL   ☐ _____
☐ _____   ☐ _____ ☐ _____ ☐

TASTE

☐ DARK FRUITS ☐ EARTH   ☐ TOAST   ☐ NUTMEG
☐ BERRIES   ☐ PEPPER   ☐ GRASS   ☐ VEGETAL
☐ PLUMS   ☐ VANILLA   ☐ CITRUS   ☐ FLORAL
☐ MUSHROOM   ☐ COFFEE   ☐ MELON   ☐ HONEY
☐ TOBACCO   ☐ LICORICE   ☐ LYCHEE   ☐ PEARS
☐ CHOCOLATE   ☐ LEATHER   ☐ ALMOND   ☐ PEACHES
☐ _____   ☐ _____ ☐ _____ ☐ _____

REVIEW/NOTES

☆ ☆ ☆ ☆ ☆ _____

_____

_____

_____

_____

WINE NAME _____

WHEN _____ WHO _____

WHERE _____ PRICE _____

ALCOHOL % _____ VARIETAL _____

BODY — ⟨_____⟩ +

TANNINS — ⟨_____⟩ +

FLAVOUR INTENSITY — ⟨_____⟩ +

SWEETNESS — ⟨_____⟩ +

FINISH — ⟨_____⟩ +

SMELL

☐ TOAST	☐ COFFEE	☐ CITRUS	☐ HONEY
☐ TOBACCO	☐ SMOKE	☐ MELON	☐ APPLES
☐ LEATHER	☐ PEPPER	☐ OAK	☐ TROPICAL FRUITS
☐ MUSHROOM	☐ MINT	☐ BERRIES	☐ GRASS
☐ JAM	☐ SPICE	☐ NUTMEG	☐ FLORAL
☐ CHOCOLATE	☐ ALMOND	☐ VEGETAL	☐ _____
☐	☐	☐ _____	☐ _____

TASTE

☐ DARK FRUITS	☐ EARTH	☐ TOAST	☐ NUTMEG
☐ BERRIES	☐ PEPPER	☐ GRASS	☐ VEGETAL
☐ PLUMS	☐ VANILLA	☐ CITRUS	☐ FLORAL
☐ MUSHROOM	☐ COFFEE	☐ MELON	☐ HONEY
☐ TOBACCO	☐ LICORICE	☐ LYCHEE	☐ PEARS
☐ CHOCOLATE	☐ LEATHER	☐ ALMOND	☐ PEACHES
☐	☐	☐	☐

REVIEW/NOTES

☆ ☆ ☆ ☆ ☆ _____

_____

_____

_____

_____

WINE NAME _____

WHEN _____   WHO _____

WHERE _____   PRICE _____

ALCOHOL % _____   VARIETAL _____

BODY   - (_____) +

TANNINS   - (_____) +

FLAVOUR INTENSITY   - (_____) +

SWEETNESS   - (_____) +

FINISH   - (_____) +

SMELL

☐ TOAST	☐ COFFEE	☐ CITRUS	☐ HONEY
☐ TOBACCO	☐ SMOKE	☐ MELON	☐ APPLES
☐ LEATHER	☐ PEPPER	☐ OAK	☐ TROPICAL FRUITS
☐ MUSHROOM	☐ MINT	☐ BERRIES	☐ GRASS
☐ JAM	☐ SPICE	☐ NUTMEG	☐ FLORAL
☐ CHOCOLATE	☐ ALMOND	☐ VEGETAL	☐ _____
☐ _____	☐ _____	☐ _____	☐ _____

TASTE

☐ DARK FRUITS	☐ EARTH	☐ TOAST	☐ NUTMEG
☐ BERRIES	☐ PEPPER	☐ GRASS	☐ VEGETAL
☐ PLUMS	☐ VANILLA	☐ CITRUS	☐ FLORAL
☐ MUSHROOM	☐ COFFEE	☐ MELON	☐ HONEY
☐ TOBACCO	☐ LICORICE	☐ LYCHEE	☐ PEARS
☐ CHOCOLATE	☐ LEATHER	☐ ALMOND	☐ PEACHES
☐ _____	☐ _____	☐ _____	☐ _____

REVIEW/NOTES

☆ ☆ ☆ ☆ ☆ _____

_____

_____

_____

_____

WINE NAME _____

WHEN _____ WHO _____

WHERE _____ PRICE _____

ALCOHOL % _____ VARIETAL _____

BODY   − ⬭⬭⬭⬭⬭⬭ +
TANNINS   − ⬭⬭⬭⬭⬭⬭ +
FLAVOUR INTENSITY − ⬭⬭⬭⬭⬭⬭ +
SWEETNESS   − ⬭⬭⬭⬭⬭⬭ +
FINISH   − ⬭⬭⬭⬭⬭⬭ +

SMELL

☐ TOAST   ☐ COFFEE   ☐ CITRUS   ☐ HONEY
☐ TOBACCO   ☐ SMOKE   ☐ MELON   ☐ APPLES
☐ LEATHER   ☐ PEPPER   ☐ OAK   ☐ TROPICAL FRUITS
☐ MUSHROOM   ☐ MINT   ☐ BERRIES   ☐ GRASS
☐ JAM   ☐ SPICE   ☐ NUTMEG   ☐ FLORAL
☐ CHOCOLATE   ☐ ALMOND   ☐ VEGETAL   ☐ _____
☐ _____   ☐ _____ ☐ _____ ☐ _____

TASTE

☐ DARK FRUITS ☐ EARTH   ☐ TOAST   ☐ NUTMEG
☐ BERRIES   ☐ PEPPER   ☐ GRASS   ☐ VEGETAL
☐ PLUMS   ☐ VANILLA   ☐ CITRUS   ☐ FLORAL
☐ MUSHROOM   ☐ COFFEE   ☐ MELON   ☐ HONEY
☐ TOBACCO   ☐ LICORICE   ☐ LYCHEE   ☐ PEARS
☐ CHOCOLATE   ☐ LEATHER   ☐ ALMOND   ☐ PEACHES
☐ _____   ☐ _____ ☐ _____ ☐ _____

REVIEW/NOTES

☆ ☆ ☆ ☆ ☆ _____

_____

_____

_____

_____

WINE NAME _____

WHEN _____ WHO _____

WHERE _____ PRICE _____

ALCOHOL % _____ VARIETAL _____

BODY   - ⟨_____⟩ +

TANNINS   - ⟨_____⟩ +

FLAVOUR INTENSITY - ⟨_____⟩ +

SWEETNESS   - ⟨_____⟩ +

FINISH   - ⟨_____⟩ +

SMELL

- ☐ TOAST
- ☐ TOBACCO
- ☐ LEATHER
- ☐ MUSHROOM
- ☐ JAM
- ☐ CHOCOLATE
- ☐ _____

- ☐ COFFEE
- ☐ SMOKE
- ☐ PEPPER
- ☐ MINT
- ☐ SPICE
- ☐ ALMOND
- ☐ _____

- ☐ CITRUS
- ☐ MELON
- ☐ OAK
- ☐ BERRIES
- ☐ NUTMEG
- ☐ VEGETAL
- ☐ _____

- ☐ HONEY
- ☐ APPLES
- ☐ TROPICAL FRUITS
- ☐ GRASS
- ☐ FLORAL
- ☐ _____
- ☐ _____

TASTE

- ☐ DARK FRUITS
- ☐ BERRIES
- ☐ PLUMS
- ☐ MUSHROOM
- ☐ TOBACCO
- ☐ CHOCOLATE
- ☐ _____

- ☐ EARTH
- ☐ PEPPER
- ☐ VANILLA
- ☐ COFFEE
- ☐ LICORICE
- ☐ LEATHER
- ☐ _____

- ☐ TOAST
- ☐ GRASS
- ☐ CITRUS
- ☐ MELON
- ☐ LYCHEE
- ☐ ALMOND
- ☐ _____

- ☐ NUTMEG
- ☐ VEGETAL
- ☐ FLORAL
- ☐ HONEY
- ☐ PEARS
- ☐ PEACHES
- ☐ _____

REVIEW/NOTES

☆ ☆ ☆ ☆ ☆ _____

_____

_____

_____

_____

WINE NAME _____

WHEN _____ WHO _____

WHERE _____ PRICE _____

ALCOHOL % _____ VARIETAL _____

BODY   − (_____) +

TANNINS   − (_____) +

FLAVOUR INTENSITY − (_____) +

SWEETNESS   − (_____) +

FINISH   − (_____) +

SMELL

☐ TOAST	☐ COFFEE	☐ CITRUS	☐ HONEY
☐ TOBACCO	☐ SMOKE	☐ MELON	☐ APPLES
☐ LEATHER	☐ PEPPER	☐ OAK	☐ TROPICAL FRUITS
☐ MUSHROOM	☐ MINT	☐ BERRIES	☐ GRASS
☐ JAM	☐ SPICE	☐ NUTMEG	☐ FLORAL
☐ CHOCOLATE	☐ ALMOND	☐ VEGETAL	☐ _____
☐ _____	☐ _____	☐ _____	☐ _____

TASTE

☐ DARK FRUITS	☐ EARTH	☐ TOAST	☐ NUTMEG
☐ BERRIES	☐ PEPPER	☐ GRASS	☐ VEGETAL
☐ PLUMS	☐ VANILLA	☐ CITRUS	☐ FLORAL
☐ MUSHROOM	☐ COFFEE	☐ MELON	☐ HONEY
☐ TOBACCO	☐ LICORICE	☐ LYCHEE	☐ PEARS
☐ CHOCOLATE	☐ LEATHER	☐ ALMOND	☐ PEACHES
☐ _____	☐ _____	☐ _____	☐ _____

REVIEW/NOTES

☆ ☆ ☆ ☆ ☆ _____

_____

_____

_____

_____

WINE NAME _____

WHEN _____ WHO _____

WHERE _____ PRICE _____

ALCOHOL % _____ VARIETAL _____

BODY   − (_____) +

TANNINS   − (_____) +

FLAVOUR INTENSITY − (_____) +

SWEETNESS   − (_____) +

FINISH   − (_____) +

SMELL

☐ TOAST   ☐ COFFEE   ☐ CITRUS   ☐ HONEY
☐ TOBACCO   ☐ SMOKE   ☐ MELON   ☐ APPLES
☐ LEATHER   ☐ PEPPER   ☐ OAK   ☐ TROPICAL FRUITS
☐ MUSHROOM   ☐ MINT   ☐ BERRIES   ☐ GRASS
☐ JAM   ☐ SPICE   ☐ NUTMEG   ☐ FLORAL
☐ CHOCOLATE   ☐ ALMOND   ☐ VEGETAL   ☐ _____
☐   ☐   ☐   ☐ _____

TASTE

☐ DARK FRUITS   ☐ EARTH   ☐ TOAST   ☐ NUTMEG
☐ BERRIES   ☐ PEPPER   ☐ GRASS   ☐ VEGETAL
☐ PLUMS   ☐ VANILLA   ☐ CITRUS   ☐ FLORAL
☐ MUSHROOM   ☐ COFFEE   ☐ MELON   ☐ HONEY
☐ TOBACCO   ☐ LICORICE   ☐ LYCHEE   ☐ PEARS
☐ CHOCOLATE   ☐ LEATHER   ☐ ALMOND   ☐ PEACHES
☐   ☐   ☐   ☐

REVIEW/NOTES

☆ ☆ ☆ ☆ ☆ _____

_____

_____

_____

_____

WINE NAME _____

WHEN _____ WHO _____

WHERE _____ PRICE _____

ALCOHOL % _____ VARIETAL _____

BODY   − [　　　　　　　　　　　　　] +

TANNINS   − [　　　　　　　　　　　　　] +

FLAVOUR INTENSITY   − [　　　　　　　　　　　　　] +

SWEETNESS   − [　　　　　　　　　　　　　] +

FINISH   − [　　　　　　　　　　　　　] +

SMELL

☐ TOAST	☐ COFFEE	☐ CITRUS	☐ HONEY
☐ TOBACCO	☐ SMOKE	☐ MELON	☐ APPLES
☐ LEATHER	☐ PEPPER	☐ OAK	☐ TROPICAL FRUITS
☐ MUSHROOM	☐ MINT	☐ BERRIES	☐ GRASS
☐ JAM	☐ SPICE	☐ NUTMEG	☐ FLORAL
☐ CHOCOLATE	☐ ALMOND	☐ VEGETAL	☐ _____
☐ _____	☐ _____	☐ _____	☐ _____

TASTE

☐ DARK FRUITS	☐ EARTH	☐ TOAST	☐ NUTMEG
☐ BERRIES	☐ PEPPER	☐ GRASS	☐ VEGETAL
☐ PLUMS	☐ VANILLA	☐ CITRUS	☐ FLORAL
☐ MUSHROOM	☐ COFFEE	☐ MELON	☐ HONEY
☐ TOBACCO	☐ LICORICE	☐ LYCHEE	☐ PEARS
☐ CHOCOLATE	☐ LEATHER	☐ ALMOND	☐ PEACHES
☐ _____	☐ _____	☐ _____	☐ _____

REVIEW/NOTES

☆ ☆ ☆ ☆ ☆ _____

_____

_____

_____

_____

WINE NAME _____

WHEN _____   WHO _____

WHERE _____   PRICE _____

ALCOHOL % _____   VARIETAL _____

BODY   − (_____) +

TANNINS   − (_____) +

FLAVOUR INTENSITY   − (_____) +

SWEETNESS   − (_____) +

FINISH   − (_____) +

SMELL

☐ TOAST	☐ COFFEE	☐ CITRUS	☐ HONEY
☐ TOBACCO	☐ SMOKE	☐ MELON	☐ APPLES
☐ LEATHER	☐ PEPPER	☐ OAK	☐ TROPICAL FRUITS
☐ MUSHROOM	☐ MINT	☐ BERRIES	☐ GRASS
☐ JAM	☐ SPICE	☐ NUTMEG	☐ FLORAL
☐ CHOCOLATE	☐ ALMOND	☐ VEGETAL	☐ _____
☐ _____	☐ _____	☐ _____	☐ _____

TASTE

☐ DARK FRUITS	☐ EARTH	☐ TOAST	☐ NUTMEG
☐ BERRIES	☐ PEPPER	☐ GRASS	☐ VEGETAL
☐ PLUMS	☐ VANILLA	☐ CITRUS	☐ FLORAL
☐ MUSHROOM	☐ COFFEE	☐ MELON	☐ HONEY
☐ TOBACCO	☐ LICORICE	☐ LYCHEE	☐ PEARS
☐ CHOCOLATE	☐ LEATHER	☐ ALMOND	☐ PEACHES
☐ _____	☐ _____	☐ _____	☐ _____

REVIEW/NOTES

☆ ☆ ☆ ☆ ☆ _____

_____

_____

_____

_____

WINE NAME _____

WHEN _____   WHO _____

WHERE _____   PRICE _____

ALCOHOL % _____   VARIETAL _____

BODY $-$ ⟨＿＿＿＿＿＿＿＿＿＿＿⟩ $+$

TANNINS $-$ ⟨＿＿＿＿＿＿＿＿＿＿＿⟩ $+$

FLAVOUR INTENSITY $-$ ⟨＿＿＿＿＿＿＿＿＿＿＿⟩ $+$

SWEETNESS $-$ ⟨＿＿＿＿＿＿＿＿＿＿＿⟩ $+$

FINISH $-$ ⟨＿＿＿＿＿＿＿＿＿＿＿⟩ $+$

SMELL

- ☐ TOAST
- ☐ TOBACCO
- ☐ LEATHER
- ☐ MUSHROOM
- ☐ JAM
- ☐ CHOCOLATE
- ☐ _____

- ☐ COFFEE
- ☐ SMOKE
- ☐ PEPPER
- ☐ MINT
- ☐ SPICE
- ☐ ALMOND
- ☐ _____

- ☐ CITRUS
- ☐ MELON
- ☐ OAK
- ☐ BERRIES
- ☐ NUTMEG
- ☐ VEGETAL
- ☐ _____

- ☐ HONEY
- ☐ APPLES
- ☐ TROPICAL FRUITS
- ☐ GRASS
- ☐ FLORAL
- ☐ _____
- ☐ _____

TASTE

- ☐ DARK FRUITS
- ☐ BERRIES
- ☐ PLUMS
- ☐ MUSHROOM
- ☐ TOBACCO
- ☐ CHOCOLATE
- ☐ _____

- ☐ EARTH
- ☐ PEPPER
- ☐ VANILLA
- ☐ COFFEE
- ☐ LICORICE
- ☐ LEATHER
- ☐ _____

- ☐ TOAST
- ☐ GRASS
- ☐ CITRUS
- ☐ MELON
- ☐ LYCHEE
- ☐ ALMOND
- ☐ _____

- ☐ NUTMEG
- ☐ VEGETAL
- ☐ FLORAL
- ☐ HONEY
- ☐ PEARS
- ☐ PEACHES
- ☐ _____

REVIEW/NOTES

☆ ☆ ☆ ☆ ☆ _____

_____

_____

_____

_____

WINE NAME _____

WHEN _____ WHO _____

WHERE _____ PRICE _____

ALCOHOL % _____ VARIETAL _____

BODY — ( ) +

TANNINS — ( ) +

FLAVOUR INTENSITY — ( ) +

SWEETNESS — ( ) +

FINISH — ( ) +

SMELL

- ☐ TOAST
- ☐ TOBACCO
- ☐ LEATHER
- ☐ MUSHROOM
- ☐ JAM
- ☐ CHOCOLATE
- ☐ _____

- ☐ COFFEE
- ☐ SMOKE
- ☐ PEPPER
- ☐ MINT
- ☐ SPICE
- ☐ ALMOND
- ☐ _____

- ☐ CITRUS
- ☐ MELON
- ☐ OAK
- ☐ BERRIES
- ☐ NUTMEG
- ☐ VEGETAL
- ☐ _____

- ☐ HONEY
- ☐ APPLES
- ☐ TROPICAL FRUITS
- ☐ GRASS
- ☐ FLORAL
- ☐ _____
- ☐ _____

TASTE

- ☐ DARK FRUITS
- ☐ BERRIES
- ☐ PLUMS
- ☐ MUSHROOM
- ☐ TOBACCO
- ☐ CHOCOLATE
- ☐ _____

- ☐ EARTH
- ☐ PEPPER
- ☐ VANILLA
- ☐ COFFEE
- ☐ LICORICE
- ☐ LEATHER
- ☐ _____

- ☐ TOAST
- ☐ GRASS
- ☐ CITRUS
- ☐ MELON
- ☐ LYCHEE
- ☐ ALMOND
- ☐ _____

- ☐ NUTMEG
- ☐ VEGETAL
- ☐ FLORAL
- ☐ HONEY
- ☐ PEARS
- ☐ PEACHES
- ☐ _____

REVIEW/NOTES

☆ ☆ ☆ ☆ ☆ _____

_____

_____

_____

_____

WINE NAME _____

WHEN _____ WHO _____

WHERE _____ PRICE _____

ALCOHOL % _____ VARIETAL _____

BODY   − (   ) +

TANNINS   − (   ) +

FLAVOUR INTENSITY − (   ) +

SWEETNESS   − (   ) +

FINISH   − (   ) +

SMELL

- [ ] TOAST
- [ ] TOBACCO
- [ ] LEATHER
- [ ] MUSHROOM
- [ ] JAM
- [ ] CHOCOLATE
- [ ] _____

- [ ] COFFEE
- [ ] SMOKE
- [ ] PEPPER
- [ ] MINT
- [ ] SPICE
- [ ] ALMOND
- [ ] _____

- [ ] CITRUS
- [ ] MELON
- [ ] OAK
- [ ] BERRIES
- [ ] NUTMEG
- [ ] VEGETAL
- [ ] _____

- [ ] HONEY
- [ ] APPLES
- [ ] TROPICAL FRUITS
- [ ] GRASS
- [ ] FLORAL
- [ ] _____
- [ ] _____

TASTE

- [ ] DARK FRUITS
- [ ] BERRIES
- [ ] PLUMS
- [ ] MUSHROOM
- [ ] TOBACCO
- [ ] CHOCOLATE
- [ ] _____

- [ ] EARTH
- [ ] PEPPER
- [ ] VANILLA
- [ ] COFFEE
- [ ] LICORICE
- [ ] LEATHER
- [ ] _____

- [ ] TOAST
- [ ] GRASS
- [ ] CITRUS
- [ ] MELON
- [ ] LYCHEE
- [ ] ALMOND
- [ ] _____

- [ ] NUTMEG
- [ ] VEGETAL
- [ ] FLORAL
- [ ] HONEY
- [ ] PEARS
- [ ] PEACHES
- [ ] _____

REVIEW/NOTES

☆ ☆ ☆ ☆ ☆ _____

_____

_____

_____

_____

WINE NAME _____

WHEN _____   WHO _____

WHERE _____   PRICE _____

ALCOHOL % _____   VARIETAL _____

BODY   - (_____) +

TANNINS   - (_____) +

FLAVOUR INTENSITY - (_____) +

SWEETNESS   - (_____) +

FINISH   - (_____) +

S M E L L

☐ TOAST	☐ COFFEE	☐ CITRUS	☐ HONEY
☐ TOBACCO	☐ SMOKE	☐ MELON	☐ APPLES
☐ LEATHER	☐ PEPPER	☐ OAK	☐ TROPICAL FRUITS
☐ MUSHROOM	☐ MINT	☐ BERRIES	☐ GRASS
☐ JAM	☐ SPICE	☐ NUTMEG	☐ FLORAL
☐ CHOCOLATE	☐ ALMOND	☐ VEGETAL	☐ _____
☐ _____	☐ _____	☐ _____	☐ _____

T A S T E

☐ DARK FRUITS	☐ EARTH	☐ TOAST	☐ NUTMEG
☐ BERRIES	☐ PEPPER	☐ GRASS	☐ VEGETAL
☐ PLUMS	☐ VANILLA	☐ CITRUS	☐ FLORAL
☐ MUSHROOM	☐ COFFEE	☐ MELON	☐ HONEY
☐ TOBACCO	☐ LICORICE	☐ LYCHEE	☐ PEARS
☐ CHOCOLATE	☐ LEATHER	☐ ALMOND	☐ PEACHES
☐ _____	☐ _____	☐ _____	☐ _____

R E V I E W / N O T E S

☆ ☆ ☆ ☆ ☆ _____

_____

_____

_____

_____

WINE NAME _____

WHEN _____ WHO _____

WHERE _____ PRICE _____

ALCOHOL % _____ VARIETAL _____

BODY   - (____ | ____ | ____ | ____ | ____) +
TANNINS   - (____ | ____ | ____ | ____ | ____) +
FLAVOUR INTENSITY - (____ | ____ | ____ | ____ | ____) +
SWEETNESS   - (____ | ____ | ____ | ____ | ____) +
FINISH   - (____ | ____ | ____ | ____ | ____) +

SMELL

- [ ] TOAST
- [ ] TOBACCO
- [ ] LEATHER
- [ ] MUSHROOM
- [ ] JAM
- [ ] CHOCOLATE
- [ ] _____

- [ ] COFFEE
- [ ] SMOKE
- [ ] PEPPER
- [ ] MINT
- [ ] SPICE
- [ ] ALMOND
- [ ] _____

- [ ] CITRUS
- [ ] MELON
- [ ] OAK
- [ ] BERRIES
- [ ] NUTMEG
- [ ] VEGETAL
- [ ] _____

- [ ] HONEY
- [ ] APPLES
- [ ] TROPICAL FRUITS
- [ ] GRASS
- [ ] FLORAL
- [ ] _____
- [ ] _____

TASTE

- [ ] DARK FRUITS
- [ ] BERRIES
- [ ] PLUMS
- [ ] MUSHROOM
- [ ] TOBACCO
- [ ] CHOCOLATE
- [ ] _____

- [ ] EARTH
- [ ] PEPPER
- [ ] VANILLA
- [ ] COFFEE
- [ ] LICORICE
- [ ] LEATHER
- [ ] _____

- [ ] TOAST
- [ ] GRASS
- [ ] CITRUS
- [ ] MELON
- [ ] LYCHEE
- [ ] ALMOND
- [ ] _____

- [ ] NUTMEG
- [ ] VEGETAL
- [ ] FLORAL
- [ ] HONEY
- [ ] PEARS
- [ ] PEACHES
- [ ] _____

REVIEW/NOTES

☆ ☆ ☆ ☆ ☆ _____

_____
_____
_____
_____

WINE NAME _____

WHEN _____ WHO _____

WHERE _____ PRICE _____

ALCOHOL % _____ VARIETAL _____

BODY — ( ) +

TANNINS — ( ) +

FLAVOUR INTENSITY — ( ) +

SWEETNESS — ( ) +

FINISH — ( ) +

SMELL

☐ TOAST	☐ COFFEE	☐ CITRUS	☐ HONEY
☐ TOBACCO	☐ SMOKE	☐ MELON	☐ APPLES
☐ LEATHER	☐ PEPPER	☐ OAK	☐ TROPICAL FRUITS
☐ MUSHROOM	☐ MINT	☐ BERRIES	☐ GRASS
☐ JAM	☐ SPICE	☐ NUTMEG	☐ FLORAL
☐ CHOCOLATE	☐ ALMOND	☐ VEGETAL	☐ _____
☐ _____	☐ _____	☐ _____	☐ _____

TASTE

☐ DARK FRUITS	☐ EARTH	☐ TOAST	☐ NUTMEG
☐ BERRIES	☐ PEPPER	☐ GRASS	☐ VEGETAL
☐ PLUMS	☐ VANILLA	☐ CITRUS	☐ FLORAL
☐ MUSHROOM	☐ COFFEE	☐ MELON	☐ HONEY
☐ TOBACCO	☐ LICORICE	☐ LYCHEE	☐ PEARS
☐ CHOCOLATE	☐ LEATHER	☐ ALMOND	☐ PEACHES
☐ _____	☐ _____	☐ _____	☐ _____

REVIEW/NOTES

☆ ☆ ☆ ☆ ☆ _____

_____

_____

_____

_____

WINE NAME _____

WHEN _____ WHO _____

WHERE _____ PRICE _____

ALCOHOL % _____ VARIETAL _____

BODY   - (___ | ___ | ___ | ___ | ___) +

TANNINS   - (___ | ___ | ___ | ___ | ___) +

FLAVOUR INTENSITY   - (___ | ___ | ___ | ___ | ___) +

SWEETNESS   - (___ | ___ | ___ | ___ | ___) +

FINISH   - (___ | ___ | ___ | ___ | ___) +

SMELL

☐ TOAST	☐ COFFEE	☐ CITRUS	☐ HONEY
☐ TOBACCO	☐ SMOKE	☐ MELON	☐ APPLES
☐ LEATHER	☐ PEPPER	☐ OAK	☐ TROPICAL FRUITS
☐ MUSHROOM	☐ MINT	☐ BERRIES	☐ GRASS
☐ JAM	☐ SPICE	☐ NUTMEG	☐ FLORAL
☐ CHOCOLATE	☐ ALMOND	☐ VEGETAL	☐ _____
☐ _____	☐ _____	☐ _____	☐ _____

TASTE

☐ DARK FRUITS	☐ EARTH	☐ TOAST	☐ NUTMEG
☐ BERRIES	☐ PEPPER	☐ GRASS	☐ VEGETAL
☐ PLUMS	☐ VANILLA	☐ CITRUS	☐ FLORAL
☐ MUSHROOM	☐ COFFEE	☐ MELON	☐ HONEY
☐ TOBACCO	☐ LICORICE	☐ LYCHEE	☐ PEARS
☐ CHOCOLATE	☐ LEATHER	☐ ALMOND	☐ PEACHES
☐ _____	☐ _____	☐ _____	☐ _____

REVIEW/NOTES

☆ ☆ ☆ ☆ ☆ _____

_____

_____

_____

_____

WINE NAME _____

WHEN _____ WHO _____

WHERE _____ PRICE _____

ALCOHOL % _____ VARIETAL _____

BODY   − (| | | |) +

TANNINS   − (| | | |) +

FLAVOUR INTENSITY   − (| | | |) +

SWEETNESS   − (| | | |) +

FINISH   − (| | | |) +

S M E L L

☐ TOAST	☐ COFFEE	☐ CITRUS	☐ HONEY
☐ TOBACCO	☐ SMOKE	☐ MELON	☐ APPLES
☐ LEATHER	☐ PEPPER	☐ OAK	☐ TROPICAL FRUITS
☐ MUSHROOM	☐ MINT	☐ BERRIES	☐ GRASS
☐ JAM	☐ SPICE	☐ NUTMEG	☐ FLORAL
☐ CHOCOLATE	☐ ALMOND	☐ VEGETAL	☐ _____
☐ _____	☐ _____	☐ _____	☐ _____

T A S T E

☐ DARK FRUITS	☐ EARTH	☐ TOAST	☐ NUTMEG
☐ BERRIES	☐ PEPPER	☐ GRASS	☐ VEGETAL
☐ PLUMS	☐ VANILLA	☐ CITRUS	☐ FLORAL
☐ MUSHROOM	☐ COFFEE	☐ MELON	☐ HONEY
☐ TOBACCO	☐ LICORICE	☐ LYCHEE	☐ PEARS
☐ CHOCOLATE	☐ LEATHER	☐ ALMOND	☐ PEACHES
☐ _____	☐ _____	☐ _____	☐ _____

R E V I E W / N O T E S

☆ ☆ ☆ ☆ ☆ _____

_____

_____

_____

_____

WINE NAME _____

WHEN _____   WHO _____

WHERE _____   PRICE _____

ALCOHOL % _____   VARIETAL _____

BODY   − (_____) +

TANNINS   − (_____) +

FLAVOUR INTENSITY − (_____) +

SWEETNESS   − (_____) +

FINISH   − (_____) +

SMELL

☐ TOAST	☐ COFFEE	☐ CITRUS	☐ HONEY
☐ TOBACCO	☐ SMOKE	☐ MELON	☐ APPLES
☐ LEATHER	☐ PEPPER	☐ OAK	☐ TROPICAL FRUITS
☐ MUSHROOM	☐ MINT	☐ BERRIES	☐ GRASS
☐ JAM	☐ SPICE	☐ NUTMEG	☐ FLORAL
☐ CHOCOLATE	☐ ALMOND	☐ VEGETAL	☐ _____
☐ _____	☐ _____	☐ _____	☐ _____

TASTE

☐ DARK FRUITS	☐ EARTH	☐ TOAST	☐ NUTMEG
☐ BERRIES	☐ PEPPER	☐ GRASS	☐ VEGETAL
☐ PLUMS	☐ VANILLA	☐ CITRUS	☐ FLORAL
☐ MUSHROOM	☐ COFFEE	☐ MELON	☐ HONEY
☐ TOBACCO	☐ LICORICE	☐ LYCHEE	☐ PEARS
☐ CHOCOLATE	☐ LEATHER	☐ ALMOND	☐ PEACHES
☐ _____	☐ _____	☐ _____	☐ _____

REVIEW/NOTES

☆ ☆ ☆ ☆ ☆ _____

_____

_____

_____

_____

WINE NAME _____

WHEN _____   WHO _____

WHERE _____   PRICE _____

ALCOHOL % _____   VARIETAL _____

BODY   - (| | | |) +

TANNINS   - (| | | |) +

FLAVOUR INTENSITY   - (| | | |) +

SWEETNESS   - (| | | |) +

FINISH   - (| | | |) +

SMELL

☐ TOAST	☐ COFFEE	☐ CITRUS	☐ HONEY
☐ TOBACCO	☐ SMOKE	☐ MELON	☐ APPLES
☐ LEATHER	☐ PEPPER	☐ OAK	☐ TROPICAL FRUITS
☐ MUSHROOM	☐ MINT	☐ BERRIES	☐ GRASS
☐ JAM	☐ SPICE	☐ NUTMEG	☐ FLORAL
☐ CHOCOLATE	☐ ALMOND	☐ VEGETAL	☐ _____
☐ _____	☐ _____	☐ _____	☐ _____

TASTE

☐ DARK FRUITS	☐ EARTH	☐ TOAST	☐ NUTMEG
☐ BERRIES	☐ PEPPER	☐ GRASS	☐ VEGETAL
☐ PLUMS	☐ VANILLA	☐ CITRUS	☐ FLORAL
☐ MUSHROOM	☐ COFFEE	☐ MELON	☐ HONEY
☐ TOBACCO	☐ LICORICE	☐ LYCHEE	☐ PEARS
☐ CHOCOLATE	☐ LEATHER	☐ ALMOND	☐ PEACHES
☐ _____	☐ _____	☐ _____	☐ _____

REVIEW/NOTES

☆ ☆ ☆ ☆ ☆ _____

_____

_____

_____

_____

WINE NAME _____

WHEN _____   WHO _____

WHERE _____   PRICE _____

ALCOHOL % _____   VARIETAL _____

BODY   — (_____) +

TANNINS   — (_____) +

FLAVOUR INTENSITY — (_____) +

SWEETNESS   — (_____) +

FINISH   — (_____) +

SMELL

☐ TOAST	☐ COFFEE	☐ CITRUS	☐ HONEY
☐ TOBACCO	☐ SMOKE	☐ MELON	☐ APPLES
☐ LEATHER	☐ PEPPER	☐ OAK	☐ TROPICAL FRUITS
☐ MUSHROOM	☐ MINT	☐ BERRIES	☐ GRASS
☐ JAM	☐ SPICE	☐ NUTMEG	☐ FLORAL
☐ CHOCOLATE	☐ ALMOND	☐ VEGETAL	☐ _____
☐	☐	☐	☐ _____

TASTE

☐ DARK FRUITS	☐ EARTH	☐ TOAST	☐ NUTMEG
☐ BERRIES	☐ PEPPER	☐ GRASS	☐ VEGETAL
☐ PLUMS	☐ VANILLA	☐ CITRUS	☐ FLORAL
☐ MUSHROOM	☐ COFFEE	☐ MELON	☐ HONEY
☐ TOBACCO	☐ LICORICE	☐ LYCHEE	☐ PEARS
☐ CHOCOLATE	☐ LEATHER	☐ ALMOND	☐ PEACHES
☐ _____	☐ _____	☐	☐ _____

REVIEW/NOTES

☆ ☆ ☆ ☆ ☆ _____

_____

_____

_____

_____

WINE NAME _____

WHEN _____ WHO _____

WHERE _____ PRICE _____

ALCOHOL % _____ VARIETAL _____

BODY — ◯_____◯ +

TANNINS — ◯_____◯ +

FLAVOUR INTENSITY — ◯_____◯ +

SWEETNESS — ◯_____◯ +

FINISH — ◯_____◯ +

SMELL

☐ TOAST	☐ COFFEE	☐ CITRUS	☐ HONEY
☐ TOBACCO	☐ SMOKE	☐ MELON	☐ APPLES
☐ LEATHER	☐ PEPPER	☐ OAK	☐ TROPICAL FRUITS
☐ MUSHROOM	☐ MINT	☐ BERRIES	☐ GRASS
☐ JAM	☐ SPICE	☐ NUTMEG	☐ FLORAL
☐ CHOCOLATE	☐ ALMOND	☐ VEGETAL	☐ _____
☐ _____	☐ _____	☐ _____	☐ _____

TASTE

☐ DARK FRUITS	☐ EARTH	☐ TOAST	☐ NUTMEG
☐ BERRIES	☐ PEPPER	☐ GRASS	☐ VEGETAL
☐ PLUMS	☐ VANILLA	☐ CITRUS	☐ FLORAL
☐ MUSHROOM	☐ COFFEE	☐ MELON	☐ HONEY
☐ TOBACCO	☐ LICORICE	☐ LYCHEE	☐ PEARS
☐ CHOCOLATE	☐ LEATHER	☐ ALMOND	☐ PEACHES
☐ _____	☐ _____	☐ _____	☐ _____

REVIEW/NOTES

☆ ☆ ☆ ☆ ☆ _____

_____

_____

_____

_____

WINE NAME _____

WHEN _____ WHO _____

WHERE _____ PRICE _____

ALCOHOL % _____ VARIETAL _____

BODY   – (| | | |) +

TANNINS   – (| | | |) +

FLAVOUR INTENSITY – (| | | |) +

SWEETNESS   – (| | | |) +

FINISH   – (| | | |) +

SMELL

- ☐ TOAST
- ☐ TOBACCO
- ☐ LEATHER
- ☐ MUSHROOM
- ☐ JAM
- ☐ CHOCOLATE
- ☐ _____

- ☐ COFFEE
- ☐ SMOKE
- ☐ PEPPER
- ☐ MINT
- ☐ SPICE
- ☐ ALMOND
- ☐ _____

- ☐ CITRUS
- ☐ MELON
- ☐ OAK
- ☐ BERRIES
- ☐ NUTMEG
- ☐ VEGETAL
- ☐ _____

- ☐ HONEY
- ☐ APPLES
- ☐ TROPICAL FRUITS
- ☐ GRASS
- ☐ FLORAL
- ☐ _____
- ☐ _____

TASTE

- ☐ DARK FRUITS
- ☐ BERRIES
- ☐ PLUMS
- ☐ MUSHROOM
- ☐ TOBACCO
- ☐ CHOCOLATE
- ☐ _____

- ☐ EARTH
- ☐ PEPPER
- ☐ VANILLA
- ☐ COFFEE
- ☐ LICORICE
- ☐ LEATHER
- ☐ _____

- ☐ TOAST
- ☐ GRASS
- ☐ CITRUS
- ☐ MELON
- ☐ LYCHEE
- ☐ ALMOND
- ☐ _____

- ☐ NUTMEG
- ☐ VEGETAL
- ☐ FLORAL
- ☐ HONEY
- ☐ PEARS
- ☐ PEACHES
- ☐ _____

REVIEW/NOTES

☆ ☆ ☆ ☆ ☆ _____

_____

_____

_____

_____

WINE NAME _____

WHEN _____ WHO _____

WHERE _____ PRICE _____

ALCOHOL % _____ VARIETAL _____

BODY   - (_____) +

TANNINS   - (_____) +

FLAVOUR INTENSITY - (_____) +

SWEETNESS   - (_____) +

FINISH   - (_____) +

SMELL

☐ TOAST   ☐ COFFEE   ☐ CITRUS   ☐ HONEY
☐ TOBACCO   ☐ SMOKE   ☐ MELON   ☐ APPLES
☐ LEATHER   ☐ PEPPER   ☐ OAK   ☐ TROPICAL FRUITS
☐ MUSHROOM   ☐ MINT   ☐ BERRIES   ☐ GRASS
☐ JAM   ☐ SPICE   ☐ NUTMEG   ☐ FLORAL
☐ CHOCOLATE   ☐ ALMOND   ☐ VEGETAL   ☐ _____
☐ _____ ☐ _____ ☐ _____ ☐ _____

TASTE

☐ DARK FRUITS   ☐ EARTH   ☐ TOAST   ☐ NUTMEG
☐ BERRIES   ☐ PEPPER   ☐ GRASS   ☐ VEGETAL
☐ PLUMS   ☐ VANILLA   ☐ CITRUS   ☐ FLORAL
☐ MUSHROOM   ☐ COFFEE   ☐ MELON   ☐ HONEY
☐ TOBACCO   ☐ LICORICE   ☐ LYCHEE   ☐ PEARS
☐ CHOCOLATE   ☐ LEATHER   ☐ ALMOND   ☐ PEACHES
☐ _____ ☐ _____ ☐ _____ ☐ _____

REVIEW / NOTES

☆ ☆ ☆ ☆ ☆ _____

_____

_____

_____

_____

WINE NAME _____

WHEN _____ WHO _____

WHERE _____ PRICE _____

ALCOHOL % _____ VARIETAL _____

BODY   – ◯_____ +
TANNINS   – ◯_____ +
FLAVOUR INTENSITY – ◯_____ +
SWEETNESS   – ◯_____ +
FINISH   – ◯_____ +

SMELL

☐ TOAST	☐ COFFEE	☐ CITRUS	☐ HONEY
☐ TOBACCO	☐ SMOKE	☐ MELON	☐ APPLES
☐ LEATHER	☐ PEPPER	☐ OAK	☐ TROPICAL FRUITS
☐ MUSHROOM	☐ MINT	☐ BERRIES	☐ GRASS
☐ JAM	☐ SPICE	☐ NUTMEG	☐ FLORAL
☐ CHOCOLATE	☐ ALMOND	☐ VEGETAL	☐ _____
☐ _____	☐ _____	☐ _____	☐ _____

TASTE

☐ DARK FRUITS	☐ EARTH	☐ TOAST	☐ NUTMEG
☐ BERRIES	☐ PEPPER	☐ GRASS	☐ VEGETAL
☐ PLUMS	☐ VANILLA	☐ CITRUS	☐ FLORAL
☐ MUSHROOM	☐ COFFEE	☐ MELON	☐ HONEY
☐ TOBACCO	☐ LICORICE	☐ LYCHEE	☐ PEARS
☐ CHOCOLATE	☐ LEATHER	☐ ALMOND	☐ PEACHES
☐ _____	☐ _____	☐ _____	☐ _____

REVIEW/NOTES

☆ ☆ ☆ ☆ ☆ _____

_____

_____

_____

_____

WINE NAME _____

WHEN _____ WHO _____

WHERE _____ PRICE _____

ALCOHOL % _____ VARIETAL _____

BODY   - ⬭⬭⬭⬭⬭ +

TANNINS   - ⬭⬭⬭⬭⬭ +

FLAVOUR INTENSITY   - ⬭⬭⬭⬭⬭ +

SWEETNESS   - ⬭⬭⬭⬭⬭ +

FINISH   - ⬭⬭⬭⬭⬭ +

SMELL

☐ TOAST	☐ COFFEE	☐ CITRUS	☐ HONEY
☐ TOBACCO	☐ SMOKE	☐ MELON	☐ APPLES
☐ LEATHER	☐ PEPPER	☐ OAK	☐ TROPICAL FRUITS
☐ MUSHROOM	☐ MINT	☐ BERRIES	☐ GRASS
☐ JAM	☐ SPICE	☐ NUTMEG	☐ FLORAL
☐ CHOCOLATE	☐ ALMOND	☐ VEGETAL	☐ _____
☐ _____	☐ _____	☐ _____	☐ _____

TASTE

☐ DARK FRUITS	☐ EARTH	☐ TOAST	☐ NUTMEG
☐ BERRIES	☐ PEPPER	☐ GRASS	☐ VEGETAL
☐ PLUMS	☐ VANILLA	☐ CITRUS	☐ FLORAL
☐ MUSHROOM	☐ COFFEE	☐ MELON	☐ HONEY
☐ TOBACCO	☐ LICORICE	☐ LYCHEE	☐ PEARS
☐ CHOCOLATE	☐ LEATHER	☐ ALMOND	☐ PEACHES
☐ _____	☐ _____	☐ _____	☐ _____

REVIEW/NOTES

☆ ☆ ☆ ☆ ☆ _____

_____

_____

_____

_____

WINE NAME _____

WHEN _____ WHO _____

WHERE _____ PRICE _____

ALCOHOL % _____ VARIETAL _____

BODY   − (_____) +

TANNINS   − (_____) +

FLAVOUR INTENSITY   − (_____) +

SWEETNESS   − (_____) +

FINISH   − (_____) +

SMELL

☐ TOAST   ☐ COFFEE   ☐ CITRUS   ☐ HONEY
☐ TOBACCO   ☐ SMOKE   ☐ MELON   ☐ APPLES
☐ LEATHER   ☐ PEPPER   ☐ OAK   ☐ TROPICAL FRUITS
☐ MUSHROOM   ☐ MINT   ☐ BERRIES   ☐ GRASS
☐ JAM   ☐ SPICE   ☐ NUTMEG   ☐ FLORAL
☐ CHOCOLATE   ☐ ALMOND   ☐ VEGETAL   ☐ _____
☐ _____   ☐ _____   ☐ _____   ☐ _____

TASTE

☐ DARK FRUITS   ☐ EARTH   ☐ TOAST   ☐ NUTMEG
☐ BERRIES   ☐ PEPPER   ☐ GRASS   ☐ VEGETAL
☐ PLUMS   ☐ VANILLA   ☐ CITRUS   ☐ FLORAL
☐ MUSHROOM   ☐ COFFEE   ☐ MELON   ☐ HONEY
☐ TOBACCO   ☐ LICORICE   ☐ LYCHEE   ☐ PEARS
☐ CHOCOLATE   ☐ LEATHER   ☐ ALMOND   ☐ PEACHES
☐ _____   ☐ _____   ☐ _____   ☐ _____

REVIEW/NOTES

☆ ☆ ☆ ☆ ☆ _____

_____

_____

_____

_____

WINE NAME _____

WHEN _____ WHO _____

WHERE _____ PRICE _____

ALCOHOL % _____ VARIETAL _____

BODY   − (_____) +
TANNINS   − (_____) +
FLAVOUR INTENSITY − (_____) +
SWEETNESS   − (_____) +
FINISH   − (_____) +

SMELL

☐ TOAST   ☐ COFFEE   ☐ CITRUS   ☐ HONEY
☐ TOBACCO   ☐ SMOKE   ☐ MELON   ☐ APPLES
☐ LEATHER   ☐ PEPPER   ☐ OAK   ☐ TROPICAL FRUITS
☐ MUSHROOM   ☐ MINT   ☐ BERRIES   ☐ GRASS
☐ JAM   ☐ SPICE   ☐ NUTMEG   ☐ FLORAL
☐ CHOCOLATE ☐ ALMOND   ☐ VEGETAL   ☐ _____
☐ _____ ☐ _____ ☐ _____ ☐ _____

TASTE

☐ DARK FRUITS ☐ EARTH   ☐ TOAST   ☐ NUTMEG
☐ BERRIES   ☐ PEPPER   ☐ GRASS   ☐ VEGETAL
☐ PLUMS   ☐ VANILLA ☐ CITRUS   ☐ FLORAL
☐ MUSHROOM   ☐ COFFEE   ☐ MELON   ☐ HONEY
☐ TOBACCO   ☐ LICORICE ☐ LYCHEE   ☐ PEARS
☐ CHOCOLATE   ☐ LEATHER ☐ ALMOND   ☐ PEACHES
☐ _____   ☐ _____ ☐ _____ ☐ _____

REVIEW/NOTES

☆ ☆ ☆ ☆ ☆ _____

_____

_____

_____

_____

WINE NAME _____

WHEN _____ WHO _____

WHERE _____ PRICE _____

ALCOHOL % _____ VARIETAL _____

BODY   − (_____) +
TANNINS   − (_____) +
FLAVOUR INTENSITY − (_____) +
SWEETNESS   − (_____) +
FINISH   − (_____) +

SMELL

☐ TOAST	☐ COFFEE	☐ CITRUS	☐ HONEY
☐ TOBACCO	☐ SMOKE	☐ MELON	☐ APPLES
☐ LEATHER	☐ PEPPER	☐ OAK	☐ TROPICAL FRUITS
☐ MUSHROOM	☐ MINT	☐ BERRIES	☐ GRASS
☐ JAM	☐ SPICE	☐ NUTMEG	☐ FLORAL
☐ CHOCOLATE	☐ ALMOND	☐ VEGETAL	☐ _____
☐ _____	☐ _____	☐ _____	☐ _____

TASTE

☐ DARK FRUITS	☐ EARTH	☐ TOAST	☐ NUTMEG
☐ BERRIES	☐ PEPPER	☐ GRASS	☐ VEGETAL
☐ PLUMS	☐ VANILLA	☐ CITRUS	☐ FLORAL
☐ MUSHROOM	☐ COFFEE	☐ MELON	☐ HONEY
☐ TOBACCO	☐ LICORICE	☐ LYCHEE	☐ PEARS
☐ CHOCOLATE	☐ LEATHER	☐ ALMOND	☐ PEACHES
☐ _____	☐ _____	☐ _____	☐ _____

REVIEW/NOTES

☆ ☆ ☆ ☆ ☆ _____

_____

_____

_____

_____

WINE NAME _____

WHEN _____ WHO _____

WHERE _____ PRICE _____

ALCOHOL % _____ VARIETAL _____

BODY   - _____ +

TANNINS   - _____ +

FLAVOUR INTENSITY - _____ +

SWEETNESS   - _____ +

FINISH   - _____ +

S M E L L

☐ TOAST	☐ COFFEE	☐ CITRUS	☐ HONEY
☐ TOBACCO	☐ SMOKE	☐ MELON	☐ APPLES
☐ LEATHER	☐ PEPPER	☐ OAK	☐ TROPICAL FRUITS
☐ MUSHROOM	☐ MINT	☐ BERRIES	☐ GRASS
☐ JAM	☐ SPICE	☐ NUTMEG	☐ FLORAL
☐ CHOCOLATE	☐ ALMOND	☐ VEGETAL	☐ _____
☐ _____	☐ _____	☐ _____	☐ _____

T A S T E

☐ DARK FRUITS	☐ EARTH	☐ TOAST	☐ NUTMEG
☐ BERRIES	☐ PEPPER	☐ GRASS	☐ VEGETAL
☐ PLUMS	☐ VANILLA	☐ CITRUS	☐ FLORAL
☐ MUSHROOM	☐ COFFEE	☐ MELON	☐ HONEY
☐ TOBACCO	☐ LICORICE	☐ LYCHEE	☐ PEARS
☐ CHOCOLATE	☐ LEATHER	☐ ALMOND	☐ PEACHES
☐ _____	☐ _____	☐ _____	☐ _____

R E V I E W / N O T E S

☆ ☆ ☆ ☆ ☆ _____

_____

_____

_____

_____

WINE NAME _____

WHEN _____   WHO _____

WHERE _____   PRICE _____

ALCOHOL % _____   VARIETAL _____

BODY   − (_____) +

TANNINS   − (_____) +

FLAVOUR INTENSITY − (_____) +

SWEETNESS   − (_____) +

FINISH   − (_____) +

S M E L L

☐ TOAST	☐ COFFEE	☐ CITRUS	☐ HONEY
☐ TOBACCO	☐ SMOKE	☐ MELON	☐ APPLES
☐ LEATHER	☐ PEPPER	☐ OAK	☐ TROPICAL FRUITS
☐ MUSHROOM	☐ MINT	☐ BERRIES	☐ GRASS
☐ JAM	☐ SPICE	☐ NUTMEG	☐ FLORAL
☐ CHOCOLATE	☐ ALMOND	☐ VEGETAL	☐ _____
☐ _____	☐ _____	☐ _____	☐ _____

T A S T E

☐ DARK FRUITS	☐ EARTH	☐ TOAST	☐ NUTMEG
☐ BERRIES	☐ PEPPER	☐ GRASS	☐ VEGETAL
☐ PLUMS	☐ VANILLA	☐ CITRUS	☐ FLORAL
☐ MUSHROOM	☐ COFFEE	☐ MELON	☐ HONEY
☐ TOBACCO	☐ LICORICE	☐ LYCHEE	☐ PEARS
☐ CHOCOLATE	☐ LEATHER	☐ ALMOND	☐ PEACHES
☐ _____	☐ _____	☐ _____	☐ _____

R E V I E W / N O T E S

☆ ☆ ☆ ☆ ☆ _____

_____

_____

_____

_____

WINE NAME _____

WHEN _____ WHO _____

WHERE _____ PRICE _____

ALCOHOL % _____ VARIETAL _____

BODY   − [   ] +
TANNINS   − [   ] +
FLAVOUR INTENSITY − [   ] +
SWEETNESS   − [   ] +
FINISH   − [   ] +

SMELL

☐ TOAST	☐ COFFEE	☐ CITRUS	☐ HONEY
☐ TOBACCO	☐ SMOKE	☐ MELON	☐ APPLES
☐ LEATHER	☐ PEPPER	☐ OAK	☐ TROPICAL FRUITS
☐ MUSHROOM	☐ MINT	☐ BERRIES	☐ GRASS
☐ JAM	☐ SPICE	☐ NUTMEG	☐ FLORAL
☐ CHOCOLATE	☐ ALMOND	☐ VEGETAL	☐ _____
☐ _____	☐ _____	☐ _____	☐ _____

TASTE

☐ DARK FRUITS	☐ EARTH	☐ TOAST	☐ NUTMEG
☐ BERRIES	☐ PEPPER	☐ GRASS	☐ VEGETAL
☐ PLUMS	☐ VANILLA	☐ CITRUS	☐ FLORAL
☐ MUSHROOM	☐ COFFEE	☐ MELON	☐ HONEY
☐ TOBACCO	☐ LICORICE	☐ LYCHEE	☐ PEARS
☐ CHOCOLATE	☐ LEATHER	☐ ALMOND	☐ PEACHES
☐ _____	☐ _____	☐ _____	☐ _____

REVIEW/NOTES

☆ ☆ ☆ ☆ ☆ _____

_____

_____

_____

_____

WINE NAME _____

WHEN _____ WHO _____

WHERE _____ PRICE _____

ALCOHOL % _____ VARIETAL _____

BODY − [ ] +

TANNINS − [ ] +

FLAVOUR INTENSITY − [ ] +

SWEETNESS − [ ] +

FINISH − [ ] +

SMELL

☐ TOAST	☐ COFFEE	☐ CITRUS	☐ HONEY
☐ TOBACCO	☐ SMOKE	☐ MELON	☐ APPLES
☐ LEATHER	☐ PEPPER	☐ OAK	☐ TROPICAL FRUITS
☐ MUSHROOM	☐ MINT	☐ BERRIES	☐ GRASS
☐ JAM	☐ SPICE	☐ NUTMEG	☐ FLORAL
☐ CHOCOLATE	☐ ALMOND	☐ VEGETAL	☐ _____
☐ _____	☐ _____	☐ _____	☐ _____

TASTE

☐ DARK FRUITS	☐ EARTH	☐ TOAST	☐ NUTMEG
☐ BERRIES	☐ PEPPER	☐ GRASS	☐ VEGETAL
☐ PLUMS	☐ VANILLA	☐ CITRUS	☐ FLORAL
☐ MUSHROOM	☐ COFFEE	☐ MELON	☐ HONEY
☐ TOBACCO	☐ LICORICE	☐ LYCHEE	☐ PEARS
☐ CHOCOLATE	☐ LEATHER	☐ ALMOND	☐ PEACHES
☐ _____	☐ _____	☐ _____	☐ _____

REVIEW/NOTES

☆ ☆ ☆ ☆ ☆ _____

_____

_____

_____

_____

WINE NAME _____

WHEN _____ WHO _____

WHERE _____ PRICE _____

ALCOHOL % _____ VARIETAL _____

BODY   − [　　　｜　　　｜　　　｜　　　] +

TANNINS   − [　　　｜　　　｜　　　｜　　　] +

FLAVOUR INTENSITY − [　　　｜　　　｜　　　｜　　　] +

SWEETNESS   − [　　　｜　　　｜　　　｜　　　] +

FINISH   − [　　　｜　　　｜　　　｜　　　] +

SMELL

- ☐ TOAST
- ☐ TOBACCO
- ☐ LEATHER
- ☐ MUSHROOM
- ☐ JAM
- ☐ CHOCOLATE
- ☐ _____

- ☐ COFFEE
- ☐ SMOKE
- ☐ PEPPER
- ☐ MINT
- ☐ SPICE
- ☐ ALMOND
- ☐ _____

- ☐ CITRUS
- ☐ MELON
- ☐ OAK
- ☐ BERRIES
- ☐ NUTMEG
- ☐ VEGETAL
- ☐ _____

- ☐ HONEY
- ☐ APPLES
- ☐ TROPICAL FRUITS
- ☐ GRASS
- ☐ FLORAL
- ☐ _____
- ☐ _____

TASTE

- ☐ DARK FRUITS
- ☐ BERRIES
- ☐ PLUMS
- ☐ MUSHROOM
- ☐ TOBACCO
- ☐ CHOCOLATE
- ☐ _____

- ☐ EARTH
- ☐ PEPPER
- ☐ VANILLA
- ☐ COFFEE
- ☐ LICORICE
- ☐ LEATHER
- ☐ _____

- ☐ TOAST
- ☐ GRASS
- ☐ CITRUS
- ☐ MELON
- ☐ LYCHEE
- ☐ ALMOND
- ☐ _____

- ☐ NUTMEG
- ☐ VEGETAL
- ☐ FLORAL
- ☐ HONEY
- ☐ PEARS
- ☐ PEACHES
- ☐ _____

REVIEW/NOTES

☆ ☆ ☆ ☆ ☆ _____

_____

_____

_____

_____

WINE NAME _____

WHEN _____ WHO _____

WHERE _____ PRICE _____

ALCOHOL % _____ VARIETAL _____

BODY   – ◯———————————————— +

TANNINS   – ◯———————————————— +

FLAVOUR INTENSITY   – ◯———————————————— +

SWEETNESS   – ◯———————————————— +

FINISH   – ◯———————————————— +

SMELL

☐ TOAST	☐ COFFEE	☐ CITRUS	☐ HONEY
☐ TOBACCO	☐ SMOKE	☐ MELON	☐ APPLES
☐ LEATHER	☐ PEPPER	☐ OAK	☐ TROPICAL FRUITS
☐ MUSHROOM	☐ MINT	☐ BERRIES	☐ GRASS
☐ JAM	☐ SPICE	☐ NUTMEG	☐ FLORAL
☐ CHOCOLATE	☐ ALMOND	☐ VEGETAL	☐ _____
☐ _____	☐ _____	☐ _____	☐ _____

TASTE

☐ DARK FRUITS	☐ EARTH	☐ TOAST	☐ NUTMEG
☐ BERRIES	☐ PEPPER	☐ GRASS	☐ VEGETAL
☐ PLUMS	☐ VANILLA	☐ CITRUS	☐ FLORAL
☐ MUSHROOM	☐ COFFEE	☐ MELON	☐ HONEY
☐ TOBACCO	☐ LICORICE	☐ LYCHEE	☐ PEARS
☐ CHOCOLATE	☐ LEATHER	☐ ALMOND	☐ PEACHES
☐ _____	☐ _____	☐ _____	☐ _____

REVIEW/NOTES

☆ ☆ ☆ ☆ ☆ _____

_____

_____

_____

_____

WINE NAME _____

WHEN _____   WHO _____

WHERE _____   PRICE _____

ALCOHOL % _____   VARIETAL _____

BODY   - (_____) +

TANNINS   - (_____) +

FLAVOUR INTENSITY - (_____) +

SWEETNESS   - (_____) +

FINISH   - (_____) +

SMELL

☐ TOAST	☐ COFFEE	☐ CITRUS	☐ HONEY
☐ TOBACCO	☐ SMOKE	☐ MELON	☐ APPLES
☐ LEATHER	☐ PEPPER	☐ OAK	☐ TROPICAL FRUITS
☐ MUSHROOM	☐ MINT	☐ BERRIES	☐ GRASS
☐ JAM	☐ SPICE	☐ NUTMEG	☐ FLORAL
☐ CHOCOLATE	☐ ALMOND	☐ VEGETAL	☐ _____
☐ _____	☐ _____	☐ _____	☐ _____

TASTE

☐ DARK FRUITS	☐ EARTH	☐ TOAST	☐ NUTMEG
☐ BERRIES	☐ PEPPER	☐ GRASS	☐ VEGETAL
☐ PLUMS	☐ VANILLA	☐ CITRUS	☐ FLORAL
☐ MUSHROOM	☐ COFFEE	☐ MELON	☐ HONEY
☐ TOBACCO	☐ LICORICE	☐ LYCHEE	☐ PEARS
☐ CHOCOLATE	☐ LEATHER	☐ ALMOND	☐ PEACHES
☐ _____	☐ _____	☐ _____	☐ _____

REVIEW/NOTES

☆ ☆ ☆ ☆ ☆ _____

_____

_____

_____

_____

WINE NAME _____

WHEN _____ WHO _____

WHERE _____ PRICE _____

ALCOHOL % _____ VARIETAL _____

BODY − ⟨_____⟩ +

TANNINS − ⟨_____⟩ +

FLAVOUR INTENSITY − ⟨_____⟩ +

SWEETNESS − ⟨_____⟩ +

FINISH − ⟨_____⟩ +

S M E L L

☐ TOAST	☐ COFFEE	☐ CITRUS	☐ HONEY
☐ TOBACCO	☐ SMOKE	☐ MELON	☐ APPLES
☐ LEATHER	☐ PEPPER	☐ OAK	☐ TROPICAL FRUITS
☐ MUSHROOM	☐ MINT	☐ BERRIES	☐ GRASS
☐ JAM	☐ SPICE	☐ NUTMEG	☐ FLORAL
☐ CHOCOLATE	☐ ALMOND	☐ VEGETAL	☐ _____
☐ _____	☐ _____	☐ _____	☐ _____

T A S T E

☐ DARK FRUITS	☐ EARTH	☐ TOAST	☐ NUTMEG
☐ BERRIES	☐ PEPPER	☐ GRASS	☐ VEGETAL
☐ PLUMS	☐ VANILLA	☐ CITRUS	☐ FLORAL
☐ MUSHROOM	☐ COFFEE	☐ MELON	☐ HONEY
☐ TOBACCO	☐ LICORICE	☐ LYCHEE	☐ PEARS
☐ CHOCOLATE	☐ LEATHER	☐ ALMOND	☐ PEACHES
☐ _____	☐ _____	☐ _____	☐ _____

R E V I E W / N O T E S

☆ ☆ ☆ ☆ ☆ _____

_____

_____

_____

_____

WINE NAME _____

WHEN _____ WHO _____

WHERE _____ PRICE _____

ALCOHOL % _____ VARIETAL _____

BODY — ⌐_____⌐ +

TANNINS — ⌐_____⌐ +

FLAVOUR INTENSITY — ⌐_____⌐ +

SWEETNESS — ⌐_____⌐ +

FINISH — ⌐_____⌐ +

SMELL

☐ TOAST	☐ COFFEE	☐ CITRUS	☐ HONEY
☐ TOBACCO	☐ SMOKE	☐ MELON	☐ APPLES
☐ LEATHER	☐ PEPPER	☐ OAK	☐ TROPICAL FRUITS
☐ MUSHROOM	☐ MINT	☐ BERRIES	☐ GRASS
☐ JAM	☐ SPICE	☐ NUTMEG	☐ FLORAL
☐ CHOCOLATE	☐ ALMOND	☐ VEGETAL	☐
☐ _____	☐ _____	☐ _____	☐ _____

TASTE

☐ DARK FRUITS	☐ EARTH	☐ TOAST	☐ NUTMEG
☐ BERRIES	☐ PEPPER	☐ GRASS	☐ VEGETAL
☐ PLUMS	☐ VANILLA	☐ CITRUS	☐ FLORAL
☐ MUSHROOM	☐ COFFEE	☐ MELON	☐ HONEY
☐ TOBACCO	☐ LICORICE	☐ LYCHEE	☐ PEARS
☐ CHOCOLATE	☐ LEATHER	☐ ALMOND	☐ PEACHES
☐ _____	☐ _____	☐ _____	☐ _____

REVIEW/NOTES

☆ ☆ ☆ ☆ ☆ _____

_____

_____

_____

_____

WINE NAME _____

WHEN _____   WHO _____

WHERE _____   PRICE _____

ALCOHOL % _____   VARIETAL _____

BODY   - (_____) +

TANNINS   - (_____) +

FLAVOUR INTENSITY   - (_____) +

SWEETNESS   - (_____) +

FINISH   - (_____) +

SMELL

☐ TOAST	☐ COFFEE	☐ CITRUS	☐ HONEY
☐ TOBACCO	☐ SMOKE	☐ MELON	☐ APPLES
☐ LEATHER	☐ PEPPER	☐ OAK	☐ TROPICAL FRUITS
☐ MUSHROOM	☐ MINT	☐ BERRIES	☐ GRASS
☐ JAM	☐ SPICE	☐ NUTMEG	☐ FLORAL
☐ CHOCOLATE	☐ ALMOND	☐ VEGETAL	☐ _____
☐ _____	☐ _____	☐ _____	☐ _____

TASTE

☐ DARK FRUITS	☐ EARTH	☐ TOAST	☐ NUTMEG
☐ BERRIES	☐ PEPPER	☐ GRASS	☐ VEGETAL
☐ PLUMS	☐ VANILLA	☐ CITRUS	☐ FLORAL
☐ MUSHROOM	☐ COFFEE	☐ MELON	☐ HONEY
☐ TOBACCO	☐ LICORICE	☐ LYCHEE	☐ PEARS
☐ CHOCOLATE	☐ LEATHER	☐ ALMOND	☐ PEACHES
☐ _____	☐ _____	☐ _____	☐ _____

REVIEW/NOTES

☆ ☆ ☆ ☆ ☆ _____

_____

_____

_____

_____

WINE NAME _____

WHEN _____ WHO _____

WHERE _____ PRICE _____

ALCOHOL % _____ VARIETAL _____

BODY   - ⬡⬡⬡⬡⬡ +

TANNINS   - ⬡⬡⬡⬡⬡ +

FLAVOUR INTENSITY   - ⬡⬡⬡⬡⬡ +

SWEETNESS   - ⬡⬡⬡⬡⬡ +

FINISH   - ⬡⬡⬡⬡⬡ +

S M E L L

☐ TOAST	☐ COFFEE	☐ CITRUS	☐ HONEY
☐ TOBACCO	☐ SMOKE	☐ MELON	☐ APPLES
☐ LEATHER	☐ PEPPER	☐ OAK	☐ TROPICAL FRUITS
☐ MUSHROOM	☐ MINT	☐ BERRIES	☐ GRASS
☐ JAM	☐ SPICE	☐ NUTMEG	☐ FLORAL
☐ CHOCOLATE	☐ ALMOND	☐ VEGETAL	☐ _____
☐ _____	☐ _____	☐ _____	☐ _____

T A S T E

☐ DARK FRUITS	☐ EARTH	☐ TOAST	☐ NUTMEG
☐ BERRIES	☐ PEPPER	☐ GRASS	☐ VEGETAL
☐ PLUMS	☐ VANILLA	☐ CITRUS	☐ FLORAL
☐ MUSHROOM	☐ COFFEE	☐ MELON	☐ HONEY
☐ TOBACCO	☐ LICORICE	☐ LYCHEE	☐ PEARS
☐ CHOCOLATE	☐ LEATHER	☐ ALMOND	☐ PEACHES
☐ _____	☐ _____	☐ _____	☐ _____

R E V I E W / N O T E S

☆ ☆ ☆ ☆ ☆ _____

_____

_____

_____

_____

WINE NAME _____

WHEN _____ WHO _____

WHERE _____ PRICE _____

ALCOHOL % _____ VARIETAL _____

BODY − ⟨ _____ ⟩ +

TANNINS − ⟨ _____ ⟩ +

FLAVOUR INTENSITY − ⟨ _____ ⟩ +

SWEETNESS − ⟨ _____ ⟩ +

FINISH − ⟨ _____ ⟩ +

SMELL

- [ ] TOAST
- [ ] TOBACCO
- [ ] LEATHER
- [ ] MUSHROOM
- [ ] JAM
- [ ] CHOCOLATE
- [ ] _____

- [ ] COFFEE
- [ ] SMOKE
- [ ] PEPPER
- [ ] MINT
- [ ] SPICE
- [ ] ALMOND
- [ ] _____

- [ ] CITRUS
- [ ] MELON
- [ ] OAK
- [ ] BERRIES
- [ ] NUTMEG
- [ ] VEGETAL
- [ ] _____

- [ ] HONEY
- [ ] APPLES
- [ ] TROPICAL FRUITS
- [ ] GRASS
- [ ] FLORAL
- [ ] _____
- [ ] _____

TASTE

- [ ] DARK FRUITS
- [ ] BERRIES
- [ ] PLUMS
- [ ] MUSHROOM
- [ ] TOBACCO
- [ ] CHOCOLATE
- [ ] _____

- [ ] EARTH
- [ ] PEPPER
- [ ] VANILLA
- [ ] COFFEE
- [ ] LICORICE
- [ ] LEATHER
- [ ] _____

- [ ] TOAST
- [ ] GRASS
- [ ] CITRUS
- [ ] MELON
- [ ] LYCHEE
- [ ] ALMOND
- [ ] _____

- [ ] NUTMEG
- [ ] VEGETAL
- [ ] FLORAL
- [ ] HONEY
- [ ] PEARS
- [ ] PEACHES
- [ ] _____

REVIEW/NOTES

☆ ☆ ☆ ☆ ☆ _____

_____

_____

_____

_____

WINE NAME _____

WHEN _____ WHO _____

WHERE _____ PRICE _____

ALCOHOL % _____ VARIETAL _____

BODY   - [   ] +
TANNINS   - [   ] +
FLAVOUR INTENSITY - [   ] +
SWEETNESS   - [   ] +
FINISH   - [   ] +

SMELL

- [ ] TOAST
- [ ] TOBACCO
- [ ] LEATHER
- [ ] MUSHROOM
- [ ] JAM
- [ ] CHOCOLATE
- [ ] _____

- [ ] COFFEE
- [ ] SMOKE
- [ ] PEPPER
- [ ] MINT
- [ ] SPICE
- [ ] ALMOND
- [ ] _____

- [ ] CITRUS
- [ ] MELON
- [ ] OAK
- [ ] BERRIES
- [ ] NUTMEG
- [ ] VEGETAL
- [ ] _____

- [ ] HONEY
- [ ] APPLES
- [ ] TROPICAL FRUITS
- [ ] GRASS
- [ ] FLORAL
- [ ] _____

TASTE

- [ ] DARK FRUITS
- [ ] BERRIES
- [ ] PLUMS
- [ ] MUSHROOM
- [ ] TOBACCO
- [ ] CHOCOLATE
- [ ] _____

- [ ] EARTH
- [ ] PEPPER
- [ ] VANILLA
- [ ] COFFEE
- [ ] LICORICE
- [ ] LEATHER
- [ ] _____

- [ ] TOAST
- [ ] GRASS
- [ ] CITRUS
- [ ] MELON
- [ ] LYCHEE
- [ ] ALMOND
- [ ] _____

- [ ] NUTMEG
- [ ] VEGETAL
- [ ] FLORAL
- [ ] HONEY
- [ ] PEARS
- [ ] PEACHES
- [ ] _____

REVIEW/NOTES

☆ ☆ ☆ ☆ ☆ _____

_____

_____

_____

_____

WINE NAME _____

WHEN _____ WHO _____

WHERE _____ PRICE _____

ALCOHOL % _____ VARIETAL _____

BODY   − (_____) +

TANNINS   − (_____) +

FLAVOUR INTENSITY − (_____) +

SWEETNESS   − (_____) +

FINISH   − (_____) +

SMELL

☐ TOAST	☐ COFFEE	☐ CITRUS	☐ HONEY
☐ TOBACCO	☐ SMOKE	☐ MELON	☐ APPLES
☐ LEATHER	☐ PEPPER	☐ OAK	☐ TROPICAL FRUITS
☐ MUSHROOM	☐ MINT	☐ BERRIES	☐ GRASS
☐ JAM	☐ SPICE	☐ NUTMEG	☐ FLORAL
☐ CHOCOLATE	☐ ALMOND	☐ VEGETAL	☐ _____
☐ _____	☐ _____	☐ _____	☐ _____

TASTE

☐ DARK FRUITS	☐ EARTH	☐ TOAST	☐ NUTMEG
☐ BERRIES	☐ PEPPER	☐ GRASS	☐ VEGETAL
☐ PLUMS	☐ VANILLA	☐ CITRUS	☐ FLORAL
☐ MUSHROOM	☐ COFFEE	☐ MELON	☐ HONEY
☐ TOBACCO	☐ LICORICE	☐ LYCHEE	☐ PEARS
☐ CHOCOLATE	☐ LEATHER	☐ ALMOND	☐ PEACHES
☐ _____	☐ _____	☐ _____	☐ _____

REVIEW/NOTES

☆ ☆ ☆ ☆ ☆ _____

_____

_____

_____

_____

WINE NAME _____

WHEN _____ WHO _____

WHERE _____ PRICE _____

ALCOHOL % _____ VARIETAL _____

BODY   - [   ] +
TANNINS   - [   ] +
FLAVOUR INTENSITY - [   ] +
SWEETNESS   - [   ] +
FINISH   - [   ] +

SMELL

- [ ] TOAST
- [ ] TOBACCO
- [ ] LEATHER
- [ ] MUSHROOM
- [ ] JAM
- [ ] CHOCOLATE
- [ ] _____

- [ ] COFFEE
- [ ] SMOKE
- [ ] PEPPER
- [ ] MINT
- [ ] SPICE
- [ ] ALMOND
- [ ] _____

- [ ] CITRUS
- [ ] MELON
- [ ] OAK
- [ ] BERRIES
- [ ] NUTMEG
- [ ] VEGETAL
- [ ] _____

- [ ] HONEY
- [ ] APPLES
- [ ] TROPICAL FRUITS
- [ ] GRASS
- [ ] FLORAL
- [ ] _____
- [ ] _____

TASTE

- [ ] DARK FRUITS
- [ ] BERRIES
- [ ] PLUMS
- [ ] MUSHROOM
- [ ] TOBACCO
- [ ] CHOCOLATE
- [ ] _____

- [ ] EARTH
- [ ] PEPPER
- [ ] VANILLA
- [ ] COFFEE
- [ ] LICORICE
- [ ] LEATHER
- [ ] _____

- [ ] TOAST
- [ ] GRASS
- [ ] CITRUS
- [ ] MELON
- [ ] LYCHEE
- [ ] ALMOND
- [ ] _____

- [ ] NUTMEG
- [ ] VEGETAL
- [ ] FLORAL
- [ ] HONEY
- [ ] PEARS
- [ ] PEACHES
- [ ] _____

REVIEW/NOTES

☆ ☆ ☆ ☆ ☆ _____

_____

_____

_____

_____

WINE NAME _____

WHEN _____ WHO _____

WHERE _____ PRICE _____

ALCOHOL % _____ VARIETAL _____

BODY   - ⟨_____⟩ +

TANNINS   - ⟨_____⟩ +

FLAVOUR INTENSITY   - ⟨_____⟩ +

SWEETNESS   - ⟨_____⟩ +

FINISH   - ⟨_____⟩ +

SMELL

- [ ] TOAST
- [ ] TOBACCO
- [ ] LEATHER
- [ ] MUSHROOM
- [ ] JAM
- [ ] CHOCOLATE
- [ ] _____

- [ ] COFFEE
- [ ] SMOKE
- [ ] PEPPER
- [ ] MINT
- [ ] SPICE
- [ ] ALMOND
- [ ] _____

- [ ] CITRUS
- [ ] MELON
- [ ] OAK
- [ ] BERRIES
- [ ] NUTMEG
- [ ] VEGETAL
- [ ] _____

- [ ] HONEY
- [ ] APPLES
- [ ] TROPICAL FRUITS
- [ ] GRASS
- [ ] FLORAL
- [ ] _____
- [ ] _____

TASTE

- [ ] DARK FRUITS
- [ ] BERRIES
- [ ] PLUMS
- [ ] MUSHROOM
- [ ] TOBACCO
- [ ] CHOCOLATE
- [ ] _____

- [ ] EARTH
- [ ] PEPPER
- [ ] VANILLA
- [ ] COFFEE
- [ ] LICORICE
- [ ] LEATHER
- [ ] _____

- [ ] TOAST
- [ ] GRASS
- [ ] CITRUS
- [ ] MELON
- [ ] LYCHEE
- [ ] ALMOND
- [ ] _____

- [ ] NUTMEG
- [ ] VEGETAL
- [ ] FLORAL
- [ ] HONEY
- [ ] PEARS
- [ ] PEACHES
- [ ] _____

REVIEW/NOTES

☆ ☆ ☆ ☆ ☆ _____

_____

_____

_____

_____

WINE NAME _____

WHEN _____   WHO _____

WHERE _____   PRICE _____

ALCOHOL % _____   VARIETAL _____

BODY   − ⟨_____⟩ +
TANNINS   − ⟨_____⟩ +
FLAVOUR INTENSITY − ⟨_____⟩ +
SWEETNESS   − ⟨_____⟩ +
FINISH   − ⟨_____⟩ +

SMELL

☐ TOAST	☐ COFFEE	☐ CITRUS	☐ HONEY
☐ TOBACCO	☐ SMOKE	☐ MELON	☐ APPLES
☐ LEATHER	☐ PEPPER	☐ OAK	☐ TROPICAL FRUITS
☐ MUSHROOM	☐ MINT	☐ BERRIES	☐ GRASS
☐ JAM	☐ SPICE	☐ NUTMEG	☐ FLORAL
☐ CHOCOLATE	☐ ALMOND	☐ VEGETAL	☐ _____
☐ _____	☐ _____	☐ _____	☐ _____

TASTE

☐ DARK FRUITS	☐ EARTH	☐ TOAST	☐ NUTMEG
☐ BERRIES	☐ PEPPER	☐ GRASS	☐ VEGETAL
☐ PLUMS	☐ VANILLA	☐ CITRUS	☐ FLORAL
☐ MUSHROOM	☐ COFFEE	☐ MELON	☐ HONEY
☐ TOBACCO	☐ LICORICE	☐ LYCHEE	☐ PEARS
☐ CHOCOLATE	☐ LEATHER	☐ ALMOND	☐ PEACHES
☐ _____	☐ _____	☐ _____	☐ _____

REVIEW/NOTES

☆ ☆ ☆ ☆ ☆ _____

_____

_____

_____

_____

WINE NAME _____

WHEN _____ WHO _____

WHERE _____ PRICE _____

ALCOHOL % _____ VARIETAL _____

BODY   - (_____) +
TANNINS   - (_____) +
FLAVOUR INTENSITY - (_____) +
SWEETNESS   - (_____) +
FINISH   - (_____) +

SMELL

☐ TOAST	☐ COFFEE	☐ CITRUS	☐ HONEY
☐ TOBACCO	☐ SMOKE	☐ MELON	☐ APPLES
☐ LEATHER	☐ PEPPER	☐ OAK	☐ TROPICAL FRUITS
☐ MUSHROOM	☐ MINT	☐ BERRIES	☐ GRASS
☐ JAM	☐ SPICE	☐ NUTMEG	☐ FLORAL
☐ CHOCOLATE	☐ ALMOND	☐ VEGETAL	☐ _____
☐ _____	☐ _____	☐ _____	☐ _____

TASTE

☐ DARK FRUITS	☐ EARTH	☐ TOAST	☐ NUTMEG
☐ BERRIES	☐ PEPPER	☐ GRASS	☐ VEGETAL
☐ PLUMS	☐ VANILLA	☐ CITRUS	☐ FLORAL
☐ MUSHROOM	☐ COFFEE	☐ MELON	☐ HONEY
☐ TOBACCO	☐ LICORICE	☐ LYCHEE	☐ PEARS
☐ CHOCOLATE	☐ LEATHER	☐ ALMOND	☐ PEACHES
☐ _____	☐ _____	☐ _____	☐ _____

REVIEW/NOTES

☆ ☆ ☆ ☆ ☆ _____

_____

_____

_____

_____

WINE NAME _____

WHEN _____   WHO _____

WHERE _____   PRICE _____

ALCOHOL % _____   VARIETAL _____

BODY   − (_____) +

TANNINS   − (_____) +

FLAVOUR INTENSITY − (_____) +

SWEETNESS   − (_____) +

FINISH   − (_____) +

SMELL

☐ TOAST	☐ COFFEE	☐ CITRUS	☐ HONEY
☐ TOBACCO	☐ SMOKE	☐ MELON	☐ APPLES
☐ LEATHER	☐ PEPPER	☐ OAK	☐ TROPICAL FRUITS
☐ MUSHROOM	☐ MINT	☐ BERRIES	☐ GRASS
☐ JAM	☐ SPICE	☐ NUTMEG	☐ FLORAL
☐ CHOCOLATE	☐ ALMOND	☐ VEGETAL	☐ _____
☐ _____	☐ _____	☐ _____	☐ _____

TASTE

☐ DARK FRUITS	☐ EARTH	☐ TOAST	☐ NUTMEG
☐ BERRIES	☐ PEPPER	☐ GRASS	☐ VEGETAL
☐ PLUMS	☐ VANILLA	☐ CITRUS	☐ FLORAL
☐ MUSHROOM	☐ COFFEE	☐ MELON	☐ HONEY
☐ TOBACCO	☐ LICORICE	☐ LYCHEE	☐ PEARS
☐ CHOCOLATE	☐ LEATHER	☐ ALMOND	☐ PEACHES
☐ _____	☐ _____	☐ _____	☐ _____

REVIEW/NOTES

☆ ☆ ☆ ☆ ☆ _____

_____

_____

_____

_____

WINE NAME _____

WHEN _____ WHO _____

WHERE _____ PRICE _____

ALCOHOL % _____ VARIETAL _____

BODY − (_____) +

TANNINS − (_____) +

FLAVOUR INTENSITY − (_____) +

SWEETNESS − (_____) +

FINISH − (_____) +

S M E L L

☐ TOAST   ☐ COFFEE   ☐ CITRUS   ☐ HONEY
☐ TOBACCO   ☐ SMOKE   ☐ MELON   ☐ APPLES
☐ LEATHER   ☐ PEPPER   ☐ OAK   ☐ TROPICAL FRUITS
☐ MUSHROOM   ☐ MINT   ☐ BERRIES   ☐ GRASS
☐ JAM   ☐ SPICE   ☐ NUTMEG   ☐ FLORAL
☐ CHOCOLATE   ☐ ALMOND   ☐ VEGETAL   ☐ _____
☐ _____   ☐ _____   ☐ _____   ☐ _____

T A S T E

☐ DARK FRUITS   ☐ EARTH   ☐ TOAST   ☐ NUTMEG
☐ BERRIES   ☐ PEPPER   ☐ GRASS   ☐ VEGETAL
☐ PLUMS   ☐ VANILLA   ☐ CITRUS   ☐ FLORAL
☐ MUSHROOM   ☐ COFFEE   ☐ MELON   ☐ HONEY
☐ TOBACCO   ☐ LICORICE   ☐ LYCHEE   ☐ PEARS
☐ CHOCOLATE   ☐ LEATHER   ☐ ALMOND   ☐ PEACHES
☐ _____   ☐ _____   ☐ _____   ☐ _____

R E V I E W / N O T E S

☆ ☆ ☆ ☆ ☆ _____

_____

_____

_____

_____

WINE NAME _____

WHEN _____ WHO _____

WHERE _____ PRICE _____

ALCOHOL % _____ VARIETAL _____

BODY	− ( ) +
TANNINS	− ( ) +
FLAVOUR INTENSITY	− ( ) +
SWEETNESS	− ( ) +
FINISH	− ( ) +

S M E L L

☐ TOAST	☐ COFFEE	☐ CITRUS	☐ HONEY
☐ TOBACCO	☐ SMOKE	☐ MELON	☐ APPLES
☐ LEATHER	☐ PEPPER	☐ OAK	☐ TROPICAL FRUITS
☐ MUSHROOM	☐ MINT	☐ BERRIES	☐ GRASS
☐ JAM	☐ SPICE	☐ NUTMEG	☐ FLORAL
☐ CHOCOLATE	☐ ALMOND	☐ VEGETAL	☐ _____
☐ _____	☐ _____	☐ _____	☐ _____

T A S T E

☐ DARK FRUITS	☐ EARTH	☐ TOAST	☐ NUTMEG
☐ BERRIES	☐ PEPPER	☐ GRASS	☐ VEGETAL
☐ PLUMS	☐ VANILLA	☐ CITRUS	☐ FLORAL
☐ MUSHROOM	☐ COFFEE	☐ MELON	☐ HONEY
☐ TOBACCO	☐ LICORICE	☐ LYCHEE	☐ PEARS
☐ CHOCOLATE	☐ LEATHER	☐ ALMOND	☐ PEACHES
☐ _____	☐ _____	☐ _____	☐ _____

R E V I E W / N O T E S

☆ ☆ ☆ ☆ ☆ _____

_____

_____

_____

_____

WINE NAME _____

WHEN _____ WHO _____

WHERE _____ PRICE _____

ALCOHOL % _____ VARIETAL _____

BODY   – ⌈_____⌉ +

TANNINS   – ⌈_____⌉ +

FLAVOUR INTENSITY   – ⌈_____⌉ +

SWEETNESS   – ⌈_____⌉ +

FINISH   – ⌈_____⌉ +

S M E L L

☐ TOAST   ☐ COFFEE   ☐ CITRUS   ☐ HONEY
☐ TOBACCO   ☐ SMOKE   ☐ MELON   ☐ APPLES
☐ LEATHER   ☐ PEPPER   ☐ OAK   ☐ TROPICAL FRUITS
☐ MUSHROOM   ☐ MINT   ☐ BERRIES   ☐ GRASS
☐ JAM   ☐ SPICE   ☐ NUTMEG   ☐ FLORAL
☐ CHOCOLATE   ☐ ALMOND   ☐ VEGETAL   ☐ _____
☐ _____   ☐ _____   ☐ _____   ☐ _____

T A S T E

☐ DARK FRUITS   ☐ EARTH   ☐ TOAST   ☐ NUTMEG
☐ BERRIES   ☐ PEPPER   ☐ GRASS   ☐ VEGETAL
☐ PLUMS   ☐ VANILLA   ☐ CITRUS   ☐ FLORAL
☐ MUSHROOM   ☐ COFFEE   ☐ MELON   ☐ HONEY
☐ TOBACCO   ☐ LICORICE   ☐ LYCHEE   ☐ PEARS
☐ CHOCOLATE   ☐ LEATHER   ☐ ALMOND   ☐ PEACHES
☐ _____   ☐ _____   ☐ _____   ☐ _____

R E V I E W / N O T E S

☆ ☆ ☆ ☆ ☆ _____

_____

_____

_____

_____

WINE NAME _____

WHEN _____ WHO _____

WHERE _____ PRICE _____

ALCOHOL % _____ VARIETAL _____

BODY   - (_____) +

TANNINS   - (_____) +

FLAVOUR INTENSITY - (_____) +

SWEETNESS   - (_____) +

FINISH   - (_____) +

SMELL

- ☐ TOAST
- ☐ TOBACCO
- ☐ LEATHER
- ☐ MUSHROOM
- ☐ JAM
- ☐ CHOCOLATE
- ☐ _____

- ☐ COFFEE
- ☐ SMOKE
- ☐ PEPPER
- ☐ MINT
- ☐ SPICE
- ☐ ALMOND
- ☐ _____

- ☐ CITRUS
- ☐ MELON
- ☐ OAK
- ☐ BERRIES
- ☐ NUTMEG
- ☐ VEGETAL
- ☐ _____

- ☐ HONEY
- ☐ APPLES
- ☐ TROPICAL FRUITS
- ☐ GRASS
- ☐ FLORAL
- ☐ _____

TASTE

- ☐ DARK FRUITS
- ☐ BERRIES
- ☐ PLUMS
- ☐ MUSHROOM
- ☐ TOBACCO
- ☐ CHOCOLATE
- ☐ _____

- ☐ EARTH
- ☐ PEPPER
- ☐ VANILLA
- ☐ COFFEE
- ☐ LICORICE
- ☐ LEATHER
- ☐ _____

- ☐ TOAST
- ☐ GRASS
- ☐ CITRUS
- ☐ MELON
- ☐ LYCHEE
- ☐ ALMOND
- ☐ _____

- ☐ NUTMEG
- ☐ VEGETAL
- ☐ FLORAL
- ☐ HONEY
- ☐ PEARS
- ☐ PEACHES
- ☐ _____

REVIEW/NOTES

☆ ☆ ☆ ☆ ☆ _____

_____

_____

_____

_____

WINE NAME _____

WHEN _____   WHO _____

WHERE _____   PRICE _____

ALCOHOL % _____   VARIETAL _____

BODY   – [   ] +

TANNINS   – [   ] +

FLAVOUR INTENSITY – [   ] +

SWEETNESS   – [   ] +

FINISH   – [   ] +

SMELL

- ☐ TOAST
- ☐ TOBACCO
- ☐ LEATHER
- ☐ MUSHROOM
- ☐ JAM
- ☐ CHOCOLATE
- ☐ _____

- ☐ COFFEE
- ☐ SMOKE
- ☐ PEPPER
- ☐ MINT
- ☐ SPICE
- ☐ ALMOND
- ☐ _____

- ☐ CITRUS
- ☐ MELON
- ☐ OAK
- ☐ BERRIES
- ☐ NUTMEG
- ☐ VEGETAL
- ☐ _____

- ☐ HONEY
- ☐ APPLES
- ☐ TROPICAL FRUITS
- ☐ GRASS
- ☐ FLORAL
- ☐ _____
- ☐ _____

TASTE

- ☐ DARK FRUITS
- ☐ BERRIES
- ☐ PLUMS
- ☐ MUSHROOM
- ☐ TOBACCO
- ☐ CHOCOLATE
- ☐ _____

- ☐ EARTH
- ☐ PEPPER
- ☐ VANILLA
- ☐ COFFEE
- ☐ LICORICE
- ☐ LEATHER
- ☐ _____

- ☐ TOAST
- ☐ GRASS
- ☐ CITRUS
- ☐ MELON
- ☐ LYCHEE
- ☐ ALMOND
- ☐ _____

- ☐ NUTMEG
- ☐ VEGETAL
- ☐ FLORAL
- ☐ HONEY
- ☐ PEARS
- ☐ PEACHES
- ☐ _____

REVIEW/NOTES

☆ ☆ ☆ ☆ ☆ _____

_____

_____

_____

_____

WINE NAME _____

WHEN _____ WHO _____

WHERE _____ PRICE _____

ALCOHOL % _____ VARIETAL _____

BODY   − ⌈   ⌉ +

TANNINS   − ⌈   ⌉ +

FLAVOUR INTENSITY − ⌈   ⌉ +

SWEETNESS   − ⌈   ⌉ +

FINISH   − ⌈   ⌉ +

SMELL

☐ TOAST   ☐ COFFEE   ☐ CITRUS   ☐ HONEY
☐ TOBACCO   ☐ SMOKE   ☐ MELON   ☐ APPLES
☐ LEATHER   ☐ PEPPER   ☐ OAK   ☐ TROPICAL FRUITS
☐ MUSHROOM   ☐ MINT   ☐ BERRIES   ☐ GRASS
☐ JAM   ☐ SPICE   ☐ NUTMEG   ☐ FLORAL
☐ CHOCOLATE   ☐ ALMOND   ☐ VEGETAL   ☐ _____
☐ _____ ☐ _____ ☐ _____ ☐ _____

TASTE

☐ DARK FRUITS ☐ EARTH   ☐ TOAST   ☐ NUTMEG
☐ BERRIES   ☐ PEPPER   ☐ GRASS   ☐ VEGETAL
☐ PLUMS   ☐ VANILLA   ☐ CITRUS   ☐ FLORAL
☐ MUSHROOM   ☐ COFFEE   ☐ MELON   ☐ HONEY
☐ TOBACCO   ☐ LICORICE   ☐ LYCHEE   ☐ PEARS
☐ CHOCOLATE   ☐ LEATHER   ☐ ALMOND   ☐ PEACHES
☐ _____ ☐ _____ ☐ _____ ☐ _____

REVIEW/NOTES

☆ ☆ ☆ ☆ ☆ _____

_____

_____

_____

_____

WINE NAME _____

WHEN _____ WHO _____

WHERE _____ PRICE _____

ALCOHOL % _____ VARIETAL _____

BODY   - (_____) +

TANNINS   - (_____) +

FLAVOUR INTENSITY - (_____) +

SWEETNESS   - (_____) +

FINISH   - (_____) +

SMELL

☐ TOAST	☐ COFFEE	☐ CITRUS	☐ HONEY
☐ TOBACCO	☐ SMOKE	☐ MELON	☐ APPLES
☐ LEATHER	☐ PEPPER	☐ OAK	☐ TROPICAL FRUITS
☐ MUSHROOM	☐ MINT	☐ BERRIES	☐ GRASS
☐ JAM	☐ SPICE	☐ NUTMEG	☐ FLORAL
☐ CHOCOLATE	☐ ALMOND	☐ VEGETAL	☐ _____
☐ _____	☐ _____	☐ _____	☐ _____

TASTE

☐ DARK FRUITS	☐ EARTH	☐ TOAST	☐ NUTMEG
☐ BERRIES	☐ PEPPER	☐ GRASS	☐ VEGETAL
☐ PLUMS	☐ VANILLA	☐ CITRUS	☐ FLORAL
☐ MUSHROOM	☐ COFFEE	☐ MELON	☐ HONEY
☐ TOBACCO	☐ LICORICE	☐ LYCHEE	☐ PEARS
☐ CHOCOLATE	☐ LEATHER	☐ ALMOND	☐ PEACHES
☐ _____	☐ _____	☐ _____	☐ _____

REVIEW/NOTES

☆ ☆ ☆ ☆ ☆ _____

_____

_____

_____

_____

WINE NAME _____

WHEN _____ WHO _____

WHERE _____ PRICE _____

ALCOHOL % _____ VARIETAL _____

BODY   − (_____) +

TANNINS   − (_____) +

FLAVOUR INTENSITY − (_____) +

SWEETNESS   − (_____) +

FINISH   − (_____) +

SMELL

- [ ] TOAST
- [ ] TOBACCO
- [ ] LEATHER
- [ ] MUSHROOM
- [ ] JAM
- [ ] CHOCOLATE
- [ ] _____

- [ ] COFFEE
- [ ] SMOKE
- [ ] PEPPER
- [ ] MINT
- [ ] SPICE
- [ ] ALMOND
- [ ] _____

- [ ] CITRUS
- [ ] MELON
- [ ] OAK
- [ ] BERRIES
- [ ] NUTMEG
- [ ] VEGETAL
- [ ] _____

- [ ] HONEY
- [ ] APPLES
- [ ] TROPICAL FRUITS
- [ ] GRASS
- [ ] FLORAL
- [ ] _____
- [ ] _____

TASTE

- [ ] DARK FRUITS
- [ ] BERRIES
- [ ] PLUMS
- [ ] MUSHROOM
- [ ] TOBACCO
- [ ] CHOCOLATE
- [ ] _____

- [ ] EARTH
- [ ] PEPPER
- [ ] VANILLA
- [ ] COFFEE
- [ ] LICORICE
- [ ] LEATHER
- [ ] _____

- [ ] TOAST
- [ ] GRASS
- [ ] CITRUS
- [ ] MELON
- [ ] LYCHEE
- [ ] ALMOND
- [ ] _____

- [ ] NUTMEG
- [ ] VEGETAL
- [ ] FLORAL
- [ ] HONEY
- [ ] PEARS
- [ ] PEACHES
- [ ] _____

REVIEW/NOTES

☆ ☆ ☆ ☆ ☆ _____

_____

_____

_____

_____

WINE NAME _____

WHEN _____ WHO _____

WHERE _____ PRICE _____

ALCOHOL % _____ VARIETAL _____

BODY   - (_____) +

TANNINS   - (_____) +

FLAVOUR INTENSITY - (_____) +

SWEETNESS   - (_____) +

FINISH   - (_____) +

SMELL

- ☐ TOAST
- ☐ TOBACCO
- ☐ LEATHER
- ☐ MUSHROOM
- ☐ JAM
- ☐ CHOCOLATE
- ☐ _____

- ☐ COFFEE
- ☐ SMOKE
- ☐ PEPPER
- ☐ MINT
- ☐ SPICE
- ☐ ALMOND
- ☐ _____

- ☐ CITRUS
- ☐ MELON
- ☐ OAK
- ☐ BERRIES
- ☐ NUTMEG
- ☐ VEGETAL
- ☐ _____

- ☐ HONEY
- ☐ APPLES
- ☐ TROPICAL FRUITS
- ☐ GRASS
- ☐ FLORAL
- ☐ _____
- ☐ _____

TASTE

- ☐ DARK FRUITS
- ☐ BERRIES
- ☐ PLUMS
- ☐ MUSHROOM
- ☐ TOBACCO
- ☐ CHOCOLATE
- ☐ _____

- ☐ EARTH
- ☐ PEPPER
- ☐ VANILLA
- ☐ COFFEE
- ☐ LICORICE
- ☐ LEATHER
- ☐ _____

- ☐ TOAST
- ☐ GRASS
- ☐ CITRUS
- ☐ MELON
- ☐ LYCHEE
- ☐ ALMOND
- ☐ _____

- ☐ NUTMEG
- ☐ VEGETAL
- ☐ FLORAL
- ☐ HONEY
- ☐ PEARS
- ☐ PEACHES
- ☐ _____

REVIEW/NOTES

☆ ☆ ☆ ☆ ☆ _____

_____

_____

_____

_____

WINE NAME _____

WHEN _____ WHO _____

WHERE _____ PRICE _____

ALCOHOL % _____ VARIETAL _____

BODY — (| | | |) +

TANNINS — (| | | |) +

FLAVOUR INTENSITY — (| | | |) +

SWEETNESS — (| | | |) +

FINISH — (| | | |) +

SMELL

- [ ] TOAST
- [ ] TOBACCO
- [ ] LEATHER
- [ ] MUSHROOM
- [ ] JAM
- [ ] CHOCOLATE
- [ ] _____

- [ ] COFFEE
- [ ] SMOKE
- [ ] PEPPER
- [ ] MINT
- [ ] SPICE
- [ ] ALMOND
- [ ] _____

- [ ] CITRUS
- [ ] MELON
- [ ] OAK
- [ ] BERRIES
- [ ] NUTMEG
- [ ] VEGETAL
- [ ] _____

- [ ] HONEY
- [ ] APPLES
- [ ] TROPICAL FRUITS
- [ ] GRASS
- [ ] FLORAL
- [ ] _____

TASTE

- [ ] DARK FRUITS
- [ ] BERRIES
- [ ] PLUMS
- [ ] MUSHROOM
- [ ] TOBACCO
- [ ] CHOCOLATE
- [ ] _____

- [ ] EARTH
- [ ] PEPPER
- [ ] VANILLA
- [ ] COFFEE
- [ ] LICORICE
- [ ] LEATHER
- [ ] _____

- [ ] TOAST
- [ ] GRASS
- [ ] CITRUS
- [ ] MELON
- [ ] LYCHEE
- [ ] ALMOND
- [ ] _____

- [ ] NUTMEG
- [ ] VEGETAL
- [ ] FLORAL
- [ ] HONEY
- [ ] PEARS
- [ ] PEACHES
- [ ] _____

REVIEW/NOTES

☆ ☆ ☆ ☆ ☆ _____

_____

_____

_____

_____

WINE NAME _____

WHEN _____   WHO _____

WHERE _____   PRICE _____

ALCOHOL % _____   VARIETAL _____

BODY − (| | |) +

TANNINS − (| | |) +

FLAVOUR INTENSITY − (| | |) +

SWEETNESS − (| | |) +

FINISH − (| | |) +

SMELL

☐ TOAST	☐ COFFEE	☐ CITRUS	☐ HONEY
☐ TOBACCO	☐ SMOKE	☐ MELON	☐ APPLES
☐ LEATHER	☐ PEPPER	☐ OAK	☐ TROPICAL FRUITS
☐ MUSHROOM	☐ MINT	☐ BERRIES	☐ GRASS
☐ JAM	☐ SPICE	☐ NUTMEG	☐ FLORAL
☐ CHOCOLATE	☐ ALMOND	☐ VEGETAL	☐ _____
☐ _____	☐ _____	☐ _____	☐ _____

TASTE

☐ DARK FRUITS	☐ EARTH	☐ TOAST	☐ NUTMEG
☐ BERRIES	☐ PEPPER	☐ GRASS	☐ VEGETAL
☐ PLUMS	☐ VANILLA	☐ CITRUS	☐ FLORAL
☐ MUSHROOM	☐ COFFEE	☐ MELON	☐ HONEY
☐ TOBACCO	☐ LICORICE	☐ LYCHEE	☐ PEARS
☐ CHOCOLATE	☐ LEATHER	☐ ALMOND	☐ PEACHES
☐ _____	☐ _____	☐ _____	☐ _____

REVIEW/NOTES

☆ ☆ ☆ ☆ ☆ _____

_____

_____

_____

_____

WINE NAME _____

WHEN _____ WHO _____

WHERE _____ PRICE _____

ALCOHOL % _____ VARIETAL _____

BODY   - ⎝ ⎠ +

TANNINS   - ⎝ ⎠ +

FLAVOUR INTENSITY   - ⎝ ⎠ +

SWEETNESS   - ⎝ ⎠ +

FINISH   - ⎝ ⎠ +

S M E L L

☐ TOAST	☐ COFFEE	☐ CITRUS	☐ HONEY
☐ TOBACCO	☐ SMOKE	☐ MELON	☐ APPLES
☐ LEATHER	☐ PEPPER	☐ OAK	☐ TROPICAL FRUITS
☐ MUSHROOM	☐ MINT	☐ BERRIES	☐ GRASS
☐ JAM	☐ SPICE	☐ NUTMEG	☐ FLORAL
☐ CHOCOLATE	☐ ALMOND	☐ VEGETAL	☐
☐ _____	☐ _____	☐ _____	☐ _____

T A S T E

☐ DARK FRUITS	☐ EARTH	☐ TOAST	☐ NUTMEG
☐ BERRIES	☐ PEPPER	☐ GRASS	☐ VEGETAL
☐ PLUMS	☐ VANILLA	☐ CITRUS	☐ FLORAL
☐ MUSHROOM	☐ COFFEE	☐ MELON	☐ HONEY
☐ TOBACCO	☐ LICORICE	☐ LYCHEE	☐ PEARS
☐ CHOCOLATE	☐ LEATHER	☐ ALMOND	☐ PEACHES
☐ _____	☐ _____	☐ _____	☐ _____

R E V I E W / N O T E S

☆ ☆ ☆ ☆ ☆ _____

_____

_____

_____

_____

WINE NAME _____

WHEN _____ WHO _____

WHERE _____ PRICE _____

ALCOHOL % _____ VARIETAL _____

BODY   − (_____) +
TANNINS   − (_____) +
FLAVOUR INTENSITY − (_____) +
SWEETNESS   − (_____) +
FINISH   − (_____) +

SMELL

☐ TOAST	☐ COFFEE	☐ CITRUS	☐ HONEY
☐ TOBACCO	☐ SMOKE	☐ MELON	☐ APPLES
☐ LEATHER	☐ PEPPER	☐ OAK	☐ TROPICAL FRUITS
☐ MUSHROOM	☐ MINT	☐ BERRIES	☐ GRASS
☐ JAM	☐ SPICE	☐ NUTMEG	☐ FLORAL
☐ CHOCOLATE	☐ ALMOND	☐ VEGETAL	☐ _____
☐ _____	☐ _____	☐ _____	☐ _____

TASTE

☐ DARK FRUITS	☐ EARTH	☐ TOAST	☐ NUTMEG
☐ BERRIES	☐ PEPPER	☐ GRASS	☐ VEGETAL
☐ PLUMS	☐ VANILLA	☐ CITRUS	☐ FLORAL
☐ MUSHROOM	☐ COFFEE	☐ MELON	☐ HONEY
☐ TOBACCO	☐ LICORICE	☐ LYCHEE	☐ PEARS
☐ CHOCOLATE	☐ LEATHER	☐ ALMOND	☐ PEACHES
☐ _____	☐ _____	☐ _____	☐ _____

REVIEW/NOTES

☆ ☆ ☆ ☆ ☆ _____

_____

_____

_____

_____

WINE NAME _____

WHEN _____   WHO _____

WHERE _____   PRICE _____

ALCOHOL % _____   VARIETAL _____

BODY — (| | | |) +

TANNINS — (| | | |) +

FLAVOUR INTENSITY — (| | | |) +

SWEETNESS — (| | | |) +

FINISH — (| | | |) +

SMELL

- [ ] TOAST
- [ ] TOBACCO
- [ ] LEATHER
- [ ] MUSHROOM
- [ ] JAM
- [ ] CHOCOLATE
- [ ] _____

- [ ] COFFEE
- [ ] SMOKE
- [ ] PEPPER
- [ ] MINT
- [ ] SPICE
- [ ] ALMOND
- [ ] _____

- [ ] CITRUS
- [ ] MELON
- [ ] OAK
- [ ] BERRIES
- [ ] NUTMEG
- [ ] VEGETAL
- [ ] _____

- [ ] HONEY
- [ ] APPLES
- [ ] TROPICAL FRUITS
- [ ] GRASS
- [ ] FLORAL
- [ ] _____
- [ ] _____

TASTE

- [ ] DARK FRUITS
- [ ] BERRIES
- [ ] PLUMS
- [ ] MUSHROOM
- [ ] TOBACCO
- [ ] CHOCOLATE
- [ ] _____

- [ ] EARTH
- [ ] PEPPER
- [ ] VANILLA
- [ ] COFFEE
- [ ] LICORICE
- [ ] LEATHER
- [ ] _____

- [ ] TOAST
- [ ] GRASS
- [ ] CITRUS
- [ ] MELON
- [ ] LYCHEE
- [ ] ALMOND
- [ ] _____

- [ ] NUTMEG
- [ ] VEGETAL
- [ ] FLORAL
- [ ] HONEY
- [ ] PEARS
- [ ] PEACHES
- [ ] _____

REVIEW / NOTES

☆ ☆ ☆ ☆ ☆ _____

_____

_____

_____

_____

Made in the USA
Monee, IL
21 May 2022

96851501R10061